RINALDO SEIXAS



# MAIOR QUE A TEMPESTADE

O QUE VOCÊ PRECISA SABER PARA SUPERAR OS MOMENTOS DIFÍCEIS DA VIDA

MC
mundocristão
São Paulo

Publicado por Editora Mundo Cristão

Os textos das referências bíblicas foram extraídos da *Almeida Revista e Atualizada*, 2ª edição (RA), da Sociedade Bíblica do Brasil, salvo indicação específica. Eventuais destaques nos textos bíblicos e nas citações em geral referem-se a grifos do autor.



*CIP-Brasil. Catalogação na publicação*
*Sindicato Nacional dos Editores de Livros, RJ*

S465m

Seixas, Rinaldo
Maior que a tempestade: o que você precisa saber para superar os momentos difíceis da vida / Rinaldo Seixas. - 1. ed. - São Paulo: Mundo Cristão, 2016.
144 p.; 21 cm.

ISBN 978-85-433-0189-1

1. Vida cristã. 2. Deus. 3. Religião. I. Título.

16-35373 CDD: 248.4
CDU: 27-584

*Categoria*: Inspiração

Publicado no Brasil com todos os direitos reservados por:
Editora Mundo Cristão
Rua Antônio Carlos Tacconi, 79, São Paulo, SP, Brasil, CEP 04810-020
Telefone: (11) 2127-4147
www.mundocristao.com.br

1ª edição: novembro de 2016

Nenhuma tempestade dura para sempre: até o dilúvio passou. Contudo, a vida apresenta ciclos difíceis, dias maus, ventos contrários... como lidar com eles? Como não perder a esperança em tempos árduos? Como edificar alicerces, lançar âncoras, enraizar nossa vida em Deus em meio às instabilidades da existência? Nesta obra, que revigora a fé, Rinaldo Seixas mostra biblicamente que Deus não nos promete um caminho fácil, mas garante uma chegada segura.

Davi Lago
Pastor e escritor

Tenho a alegria de recomendar a leitura deste livro. Rinaldo Seixas e sua querida esposa, Denise, são líderes íntegros e verdadeiramente frutíferos. Estou certa de que a experiência de Rinaldo enriquecerá a sua forma de enxergar as reviravoltas da vida. Aceite o modo como Deus trabalha no seu dia a dia e confie na fidelidade dele. Dessa maneira, você vencerá a tempestade!

Devi Titus
Palestrante e escritora

De maneira brilhante, Rinaldo Seixas analisa o problema da tribulação e do sofrimento humano, abandonando respostas triunfalistas, tão comuns em grande parte do imaginário evangélico brasileiro. Ele abraça firmemente as respostas contidas nas Escrituras. Um excelente livro para quem quer desenvolver sua "musculatura espiritual".

Sérgio Queiroz
Presidente do Sistema Cidade Viva, procurador da Fazenda Nacional e escritor

Se você está enfrentando uma fase difícil, este livro o ajudará muito. Além de ser um visionário, Rinaldo Seixas é um líder fora de série, alguém a ser ouvido e que tem muito a contribuir. Nesta nova obra, ele mostra como encarar os problemas da vida, mostrando que as tempestades não devem trazer desânimo, mas precisam ser vistas como oportunidades de aprendizado e amadurecimento. As tribulações ocorrem ou por decisão ou por permissão de Deus e, em meio a elas, precisamos confiar no Senhor e aprender. Ao fazer isso, encontraremos alívio e paz em meio aos desafios e, principalmente, sairemos da tempestade muito mais treinados, competentes e fortalecidos na fé.

William Douglas
Juiz federal, escritor e conferencista

Ao meu filho, Renan, que, com sua ternura e seu olhar, me ensina todos os dias a amar. Filhinho, sua vida mudou a minha de forma surpreendente e irreversível. Seu sorriso me cura. Seu abraço é um bálsamo para minha alma. Sua alegria me contagia. Amo você para sempre.

O SENHOR tem o seu caminho na tormenta e na tempestade, e as nuvens são o pó dos seus pés. [...] O SENHOR é bom, é fortaleza no dia da angústia e conhece os que nele se refugiam.

NAUM 1.3,7

# Sumário

# Agradecimentos

A Deus, por sua infinita misericórdia, seu eterno amor e por me permitir participar de seus planos para esta geração.

À minha família: minha mãe, Lídia; minha esposa, Denise; e meus filhos, Nathan, Rinaldo, Raquel e Renan, por me amarem tanto.

A todos aqueles que me sustentam em oração e apoiam minha chamada e meu ministério.

# Prefácio

Este livro é sobre enfrentar as tempestades da vida. Talvez você esteja em uma tempestade agora, mas, caso não esteja, é provável que, em algum momento de sua vida, estará. Poderá ser uma tempestade natural ou espiritual, algo na família, nas finanças, na saúde ou em qualquer outra área. Mas o fato é que a maioria de nós acabará por encontrar uma tempestade de um tipo ou de outro.

Em uma de suas parábolas, o Senhor Jesus abordou essa questão diretamente, ao descrever duas pessoas que construíram casas idênticas e enfrentaram tempestades idênticas. A diferença entre as duas é que uma casa permaneceu de pé e a outra desmoronou, em decorrência do tipo de terreno em que foram construídas: uma foi erguida sobre a areia e a outra, sobre a rocha.

O propósito de Rinaldo Seixas ao escrever este livro é revelar a Rocha sobre a qual você deverá construir sua casa e prepará-lo para se manter firme ao enfrentar qualquer tempestade da vida, a fim de se tornar aquele que permanecerá de pé quando a tempestade passar.

Dan Duke

Fundador do ministério *Uma chamada para as nações.*
Profeta americano. Já passou por mais de cinquenta
países em quarenta anos de ministério

# Introdução

As tempestades são uma das melhores metáforas possíveis para representar as tribulações da vida. Não é por caso, pois elas podem provocar destruição e caos por onde passam. Há problemas que resolvemos com um sorriso no rosto, trabalho, dedicação e esperança — mas não todos. Certas situações estão além de nossa capacidade de resolução e controle. Acreditamos que, com o tempo, tudo pode se resolver, mas o tempo passa, nada muda e, de repente, corremos o risco de perder o que amamos e ver destruído o que construímos. Há circunstâncias que têm a capacidade ímpar de nos abalar, ventos que sopram com força suficiente para nos desestruturar e nos levar ao desespero. Algumas ocorrências são sérias a ponto de mudar nosso humor, roubar a nossa paz e nos tornar céticos. Questionar é da natureza humana, mas as perguntas mudam de acordo com intensidade das tempestades vividas e proporcionalmente a ela. Vamos desde "Que ônibus errado eu peguei para chegar a este ponto da vida?" até "Por que eu nasci?".

A pressão expõe nossos alicerces, e é quando descobrimos se o fundamento é sólido. O que fazer quando tudo desmorona subitamente sobre sua vida? Você consegue se reerguer em situações trágicas, caóticas e inesperadas? Ou seu mundo precisa permanecer descomplicado, ordenado e tranquilo para que você consiga estar em paz?

Todos já enfrentamos — e ainda enfrentaremos — grandes tempestades ao longo da jornada, mas, para quem tem fé, elas não deveriam ser uma ameaça. Cada crise é uma oportunidade em potencial para crescimento, amadurecimento, fortalecimento e elevação a novos patamares de intimidade com Deus. Ter Jesus no barco em meio aos maremotos faz toda a diferença. Só ele pode fazer cessar os ventos e as ondas. Jesus é Criador de tudo e domina sobre todas as coisas. Ele tem todo o poder. E esse mesmo Jesus ama você e jamais o abandona.

Este livro tem como objetivo fortalecer todo aquele que atravessa momentos tempestuosos e, por isso, sente-se triste, cansado, abatido. Ao longo das próximas páginas, veremos verdades bíblicas capazes de fortalecer e dar esperança a quem acredita na intervenção sobrenatural de Deus em todo tipo de tribulação. Por meio da análise da vida de personagens mencionados nas Escrituras ou de princípios da fé cristã, desejo acender um farol para que, em meio à tempestade, você e sua embarcação possam seguir com confiança rumo ao porto seguro.

Nesta obra, aprenderemos que tempestades nos alcançam pelas mais diversas razões e, dependendo da causa, temos meios distintos de enfrentá-las. Também analisaremos o fato de que, dependendo de como encaramos o sofrimento, extrairemos ou não as lições que ele pode nos proporcionar. Em seguida, discorreremos sobre a importância de superarmos o desânimo para sairmos vitoriosos das tormentas da jornada, objetivo que depende ainda de sermos resilientes, confiantes e corajosos. Por fim, veremos como é fundamental buscar a Deus e ter fé nele para que cheguemos, sãos e salvos, ao nosso destino.

As tempestades virão — isso é inevitável. Estar preparado, porém, para enfrentá-las e superá-las é essencial para obter a vitória.

Desejo que a leitura deste livro aponte caminhos e ofereça respostas a todo aquele que está vendo seu barquinho naufragar e, sem forças e ânimo, está pensando em desistir. Que as verdades bíblicas aqui expostas ajudem a preparar todos os que estão navegando em águas tranquilas para quando a tormenta chegar. Antecipar-se ao dia mau é uma excelente decisão e pode ser o que fará a diferença entre os que chegam bem e os que afundam no meio do caminho.

Jesus pode acalmar a tempestade e fazer seus discípulos caminharem sobre as águas. O nosso papel é ter ânimo e fé para dar o primeiro passo. Você está disposto a isso? Então, siga pelas próximas páginas na companhia do nosso Senhor Jesus e permita que ele o guie!

# 1

# A tempestade chegou

# Aprendizado em meio à tribulação

> Estas coisas vos tenho dito para que tenhais paz em mim. No mundo, passais por aflições; mas tende bom ânimo; eu venci o mundo.
>
> João 16.33

Jesus nunca prometeu que a viagem da vida seria fácil. Muito pelo contrário, ele deixou explícito: se existe algo inevitável na jornada de todas as pessoas, é que, neste mundo, cada ser humano terá a sua dose de aflições. Promessas de uma caminhada isenta de tribulações na terra são enganosas, pois não se cumprirão. Portanto, não devemos investir tempo e energia nos questionando sobre a possibilidade de tempestades surgirem ou não; elas virão, inevitavelmente. É um fato. É previsível. Jesus profetizou que seria assim. Portanto, se você olhar para o horizonte e prestar bastante atenção, verá que problemas estão prestes a despontar. É líquido e certo.

Diante dessa realidade, o que devemos fazer? Permanecemos estáticos e esperamos ser varridos pelas tempestades? Fugimos? Enfrentamos?

É essencial que, primeiro, busquemos discernir a origem de cada tribulação, a fim de descobrir qual é a melhor maneira de enfrentá-la, pois, dependendo da causa dos problemas, é possível estabelecer maneiras adequadas de superá-los e vencê-los. Tente perceber de onde vêm os ventos que anunciam a tempestade, para que, quando ela chegar e o seu barco começar a balançar, você consiga responder a questões como estas: Será que as dificuldades são fruto do amor de Deus, querendo ensinar você a ser completamente dependente dele? Será que a tormenta é consequência do cuidado do Senhor, por desejar mostrar que, mesmo em meio à mais difícil das contingências, ele nunca o deixa só? Ou seria ela consequência de decisões erradas que você tomou fora da vontade de Deus?

Ao depararmos com uma tempestade, é fundamental buscar as respostas para essas perguntas, para que seja possível nos posicionarmos corretamente diante dela, a fim de que a atravessemos firmes para chegar ao outro lado com segurança. Esse, na verdade, é o nosso primeiro grande desafio. Porque é ao discernir por que e de que direção sopram os ventos que trazem a tormenta que teremos a percepção correta acerca do nosso posicionamento. Um barco precisa estar adequadamente posicionado em relação ao vento para não ir a pique.

Sinta a força do vendaval. Será que para permanecer na superfície, em meio aos maremotos, é preciso ter paciência? Ou confiança? É necessário ter fé? Ou arrepender-se? A realidade é que a causa de uma tempestade em especial pode ser bem diferente da causa de outra aparentemente muito semelhante. Cada tormenta possui origem distinta e, quando temos consciência de que o Senhor está no controle de tudo, sabemos que ele tem razões bem definidas para permitir que um vendaval nos assole. Cada tempestade tem uma origem e um motivo distintos, que deverão determinar nosso comportamento quando ela chegar.

Neste ponto, você pode estar se perguntando: Que razões seriam essas? O que justificaria um Pai bondoso e amoroso levar um filho a encarar problemas tão dolorosos e situações tão aflitivas? Por que, afinal, o Senhor permite que passemos por tempestades? Um olhar detalhado e honesto sobre a vida de homens e mulheres citados na Bíblia nos conduz à resposta óbvia: porque muito do que Deus faz na terra, ele o faz por meio de homens pequenos e imperfeitos como nós. Esse é o *modus operandi* clássico do Senhor. Arrisco dizer que Deus gosta de escolher as pessoas aparentemente mais insignificantes, prepará-las e, quando estiverem prontas, usá-las para realizar grandes feitos.

A Escritura mostra muitos exemplos disso, como o de Davi e o de Gideão, homens aparentemente insignificantes em seu contexto familiar e social, mas gigantes em potencial aos olhos de Deus. Perceba que, se o Senhor houvesse escolhido pessoas de destaque ao olhar humano para realizar os propósitos divinos, seria fácil atribuir as vitórias à capacidade do homem. Mas, como o Senhor faz grandes obras por meio de homens desprezados pelos demais, fica claro que algo sobrenatural ocorreu. E, ao fazer isso, Deus é glorificado.

*Deus gosta de escolher as pessoas aparentemente mais insignificantes, prepará-las e, quando estiverem prontas, usá-las para realizar grandes feitos.*

Não é loucura dizer que o Senhor corre grandes riscos ao tomar essa decisão. Confiar em Deus é normal, pois ele é perfeitamente confiável. Mas confiar em nós, seres humanos tão volúveis e instáveis, é arriscado ao extremo. O mais bonito é que esse é um risco do qual Deus não quis fugir. Pelo contrário, ele mesmo decidiu que escreveria sua história entre nós por intermédio de uma quantidade incontável de homens e mulheres que passaram por essa terra — entre eles, eu e você. Como afirmei, a Bíblia nos apresenta exemplos variados disso. Lembre-se de que Deus usou uma prostituta, Raabe, e uma mulher adúltera, Bate-Seba, para compor a linhagem do próprio Jesus.

O Senhor escreve a história da humanidade usando gente sujeita às mesmas tentações, aos mesmos erros e pecados que todos nós. Em muitas de minhas leituras, senti-me pequeno ao ver personagens bíblicos realizarem feitos grandiosos em nome de Deus. Mas foi ao conhecer as suas histórias, tão humanas quanto a minha, que me dei conta de que esses homens e mulheres eram naturais e pecadores como eu. Gente sujeita às mesmas fraquezas.

Diante dessa percepção, é natural nos perguntarmos o que, então, fez que esses homens e mulheres imperfeitos e falhos alcançassem um nível tão elevado de fé em Deus, a ponto de marcarem muitas gerações com sua história de dependência. A resposta é clara para quem se dedica a analisar o relato da vida de cada personagem da Bíblia: eles foram quebrados e triturados por Deus para, então, serem refeitos por ele mesmo, com suas próprias mãos. Eram como vasos que precisaram ser quebrados para que, da matéria amassada e arruinada, um novo vaso fosse formado pelas mãos do Oleiro perfeito. Estou me referindo a alcançar um nível de intimidade com o Pai que dá a ele a liberdade de operar em nós do modo que ele desejar, inclusive nos moendo e nos quebrando, para, depois, fazer de nós pessoas mais fortes e maiores.

É fundamental entendermos que Deus não faz isso com a força do nosso braço nem por nossos méritos, mas por sua própria ação em nós. Se realizamos grandes feitos, temos de compreender que, na verdade, somos instrumentos nas mãos daquele que de fato e efetivamente os realiza.

É importante lembrar ainda que, mesmo que a tribulação não seja algo agradável de se enfrentar, em meio aos problemas sempre desfrutamos não só do cuidado e da presença de Deus, como também da sua confiança. Sim, Deus confia em mim e em você do jeito que somos: falhos, pecadores, imperfeitos. Porém, agraciados por seu poder e sua graça.

Essa percepção se torna assombrosa quando nos damos conta de que, muitas vezes, as demais pessoas não confiam em nós. E, sejamos totalmente francos, com frequência nós próprios desconfiamos de nossa capacidade. Deus, porém, não só confia — a despeito do que pensem os outros ou você mesmo — como também lhe dá a oportunidade de crescer e vencer os desafios que ele propõe, ainda que, para isso, tenha de nos preparar e moldar por meio de tribulações.

O mais extraordinário é que ele não nos apresenta os desafios da vida e, em seguida, nos abandona e nos deixa sós, mas os atravessa conosco. Jesus permanece no barco. Por quê? Porque o objetivo de Deus ao permitir que enfrentemos tempestades terríveis não é nos fazer mal ou nos prejudicar de algum modo, mas criar situações que nos desafiem, a fim de que amadureçamos e cheguemos a níveis mais elevados em nossa fé e na intimidade com ele. Isto é fundamental: não importa quão devastadora seja uma tempestade, Deus nunca nos deixa sós. Ele sempre encara a tormenta conosco, sujeito aos mesmos ventos, ao granizo e às chuvas torrenciais. E, ali, nos protege, guia e fortalece.

*O objetivo de Deus ao permitir que enfrentemos tempestades terríveis não é nos fazer mal ou nos prejudicar de algum modo, mas criar situações que nos desafiem, a fim de que amadureçamos e cheguemos a níveis mais elevados em nossa fé e na intimidade com ele.*

Os problemas e dificuldades são, portanto, um treinamento para a vida e a eternidade. Não existe nenhum seminário teológico que dê conta de trabalhar em nós o que o Senhor deseja com a mesma eficácia que o método de nos permitir enfrentar situações trágicas, caóticas e inesperadas, daquelas que mudam nosso humor, roubam nossa paz e nos tornam céticos. Para isso, Deus usa circunstâncias e pessoas em diferentes lugares e tempos de nossa vida, a fim de cumprir em nós o seu propósito, para que sejamos e façamos o que ele deseja.

Deus vai nos quebrar? Sim, vai. Deus vai nos desconstruir? Sim, vai. Mas, se tivermos um entendimento verdadeiramente bíblico, compreenderemos que, após atravessar os furacões e os maremotos, nunca mais seremos os mesmos. Poderemos entender que, mediante essa ação de Deus em nossa vida — ação doída, mas extremamente impactante —, alcançaremos lugares e níveis de fé a que nunca imaginamos que poderíamos chegar.

## Fé em meio à tempestade

O evangelho segundo Mateus nos relata um episódio extraordinário da vida de Jesus. Ele havia tomado conhecimento da morte de seu primo João Batista e, por isso, retirou-se para um lugar deserto. Muita gente, ao saber disso, foi até onde ele estava. Cheio de compaixão, Jesus curou os doentes que havia entre eles. O tempo passou e, quando a hora já estava avançada, os discípulos se deram conta de que a multidão estava faminta e não havia nada para comer. Diante disso, o Senhor realizou um milagre extraordinário.

> E, tendo mandado que a multidão se assentasse sobre a relva, tomando os cinco pães e os dois peixes, erguendo os olhos ao céu, os abençoou. Depois, tendo partido os pães, deu-os aos discípulos, e estes, às multidões. Todos comeram e se fartaram; e dos pedaços que sobejaram recolheram ainda doze cestos cheios. E os que comeram foram cerca de cinco mil homens, além de mulheres e crianças.
> Mateus 14.19-21

Esse foi o primeiro milagre de multiplicação de pães realizado por Jesus. Para os discípulos, era mais um feito extraordinário de alguém cujo poder sobrenatural já lhes era bastante conhecido, com a operação frequente de sinais e maravilhas. Jesus demonstrava seu poder cotidianamente, o que fica claro pelos relatos que lemos nos Evangelhos, sem contar o grande número de histórias que os quatro evangelistas nem sequer conseguiram relatar. Isso, naturalmente, aumentava exponencialmente sua fama, o que levava cada vez mais gente a ter com ele.

Naturalmente, de forma indireta isso aumentava também a visibilidade e o orgulho dos apóstolos. Àquela altura, além de uma missão espiritual, ser discípulo de Jesus era algo *pop*. Imagine Pedro organizando a entrega dos pães. Tente visualizar Tiago estabelecendo os critérios sobre quem poderia pegar mais ou menos pães, quem teria prioridade ou quem já havia comido demais. Imagine João fazendo questão de exibir o seu nível de proximidade com o Mestre. Imaginou? Agora pense se fôssemos nós. Quanto *glamour* nos traria sermos discípulos de Jesus, aquela celebridade capaz de realizar milagres espantosos!

Mas, então, ocorreu um episódio que mostrou para aqueles homens como é importante ter fé em Deus na hora da tempestade. Assim que o milagre da multiplicação aconteceu, que todos foram servidos e as sobras, recolhidas, Jesus mandou que os discípulos entrassem num barco e atravessassem para a outra margem do mar da Galileia. Eles obedeceram e partiram, deixando o Mestre na margem para que pudesse subir um monte a fim de orar sozinho.

A noite chegou e, com ela, um grande vendaval, que formava ondas enormes. As vagas arremetiam contra o barco e, naturalmente, deixaram aqueles homens bastante amedrontados. Jesus sabia da tempestade que viria? Claro que sabia. Não só sabia, como ele mesmo enviou a tempestade; afinal, quem é o Senhor de todas as coisas? Se Jesus sabia que aquele vendaval viria, por que, então, disse a seus amigos para seguirem justamente para o meio dele? Maldade? Sadismo? Divertimento às custas do pânico alheio? Não, nada disso. Todos sabemos que essas coisas não combinam com o caráter de Jesus. Fica claro que ele tinha bons propósitos ao enviar seus amigos para o meio daquela situação problemática, difícil e apavorante: ele desejava ensinar-lhes uma lição preciosa sobre a fé em Deus, que seria extremamente importante para o amadurecimento espiritual de todos eles.

Se você está fazendo a vontade de Deus, se foi enviado por ele, se lhe obedece, tenha uma certeza: você pode estar no meio da mais terrível tempestade, o barco pode até sacolejar, mas não vai afundar. Portanto, se Deus lhe deu um direcionamento, obedeça. As águas podem mudar de repente, o clima pode variar, a vida pode virar de cabeça para baixo, mas, se você sabe que está andando pelo caminho estreito, em obediência a Deus, tenha a certeza: tudo vai correr bem. Mesmo que o vendaval seja terrível, que as ondas estourem com força sobre você, que tudo balance de um lado para o outro, que pareça que você vai afundar... tenha calma. Deus está no controle.

*Ele tinha bons propósitos ao enviar seus amigos para o meio daquela situação problemática, difícil e apavorante: ele desejava ensinar-lhes uma lição preciosa sobre a fé em Deus, que seria extremamente importante para o amadurecimento espiritual de todos eles.*

Imagine o que não pensavam os discípulos naquele momento. O próprio Mestre é quem os havia enviado para aquela tempestade. Será que ele não sabia o que se passaria naquela noite? Claro que isso é apenas uma suposição, não posso afirmar que esse era de fato o questionamento na mente dos apóstolos, mas é bem provável, pois, em momentos como aquele, é muito difícil ter fé em Deus. É no exato momento em que os ventos sopram com força e o mar se revolta que tendemos a fraquejar e cair espiritualmente. Repare a cronologia dos fatos que os discípulos de Jesus vivenciaram: até pouco tempo antes, a vida estava tranquila e sob controle; em seguida, eles presenciaram mais um extraordinário milagre do Mestre; e, então, de repente, se viram, sozinhos, no meio de uma enorme tribulação. É assim também conosco.

Quando as coisas vão bem, esquecemos de exercitar a nossa fé, como se pudéssemos controlar tudo. Nós nos iludimos conosco e até mesmo com Deus, achando que ele é um servo que está submisso a nossos desejos, vontades e necessidades. De repente, nos deparamos com circunstâncias nas quais nosso controle é completamente insuficiente. E, no momento em que mais precisamos de fé em Deus, ela está enfraquecida. É por isso que as tribulações e as provações têm papel fundamental em nossa caminhada espiritual: o de nos ensinar a confiar no Senhor, exercitando a força da nossa fé.

Assim que os discípulos embarcaram e saíram para a travessia, Jesus subiu ao monte para orar. É bem possível que estivesse intercedendo por eles. Assim também ocorre conosco. Em meio às tribulações, podemos ter fé que Jesus está intercedendo por nós junto ao Pai. Nos períodos mais difíceis da vida, ele está à direita do Pai, suplicando por nós, advogando as causas em nosso favor, mesmo quando não enxergamos. O fato de não vermos claramente a ação de Deus quando estamos no meio da tempestade de modo algum significa que ele está inerte, apático, deixando a vida seguir sem intervir. Muito pelo contrário. Tudo de que precisamos é fé.

É certo que um professor amoroso como Jesus não abandona os alunos enquanto eles aprendem a lição. Fica claro que ele enviou os discípulos para aquele teste, a fim de que soubessem que a vida com ele também tinha momentos de dificuldade e de prova, como aquele pelo qual estavam passando. Aquilo serviria não só para exercitar-lhes a fé, mas, também, para que soubessem que, apesar das tempestades, ele nunca os deixaria sozinhos. E, acima de tudo, eles entenderiam que, em meio aos piores temporais, nunca deveriam deixar de ter fé nele. Tanto é assim que, no momento de maior aflição, Jesus apareceu para socorrer seus amigos.

> E, despedidas as multidões, subiu ao monte, a fim de orar sozinho. Em caindo a tarde, lá estava ele, só. Entretanto, o barco já estava longe, a muitos estádios da terra, açoitado pelas ondas; porque o vento era contrário. Na quarta vigília da noite, foi Jesus ter com eles, andando por sobre o mar. E os discípulos, ao verem-no andando

> sobre as águas, ficaram aterrados e exclamaram: É um fantasma! E, tomados de medo, gritaram. Mas Jesus imediatamente lhes disse: Tende bom ânimo! Sou eu. Não temais! Respondendo-lhe Pedro, disse: Se és tu, Senhor, manda-me ir ter contigo, por sobre as águas. E ele disse: Vem! E Pedro, descendo do barco, andou por sobre as águas e foi ter com Jesus. Reparando, porém, na força do vento, teve medo; e, começando a submergir, gritou: Salva-me, Senhor! E, prontamente, Jesus, estendendo a mão, tomou-o e lhe disse: Homem de pequena fé, por que duvidaste? Subindo ambos para o barco, cessou o vento. E os que estavam no barco o adoraram, dizendo: Verdadeiramente és Filho de Deus!
>
> Mateus 14.23-33

Com tudo isso em mente, que lições devemos aprender para quando chegar a tempestade?

Primeiro, nada do que ocorre para aquele que está em Jesus é destituído de propósito. Nada. Nenhuma luta, nenhuma dificuldade, nenhuma perseguição ocorre à parte dos planos de Deus. Até uma tempestade para a qual fomos enviados por ele tem propósito. Precisamos aprender a ter fé que ele está conosco, mesmo quando não parece — nem que seja intercedendo ao Pai por nós. Sim, as tribulações podem fortalecer nossa fé como nenhuma outra coisa, fazendo-nos confiar que o Filho continua intercedendo por nós e que, se nos enviou para o meio daquele mar, é porque tem um plano maior para aquilo, em nós e a partir de nós.

Segundo, precisamos aprender a reconhecer o senhorio de Jesus Cristo em todas as circunstâncias da vida. Saber que ele é Senhor quando o mar está calmo é fácil, mas e quando o mundo desaba? E quando as coisas não parecem fazer sentido? Precisamos aprender a ter mais fé em Deus quando a tempestade está bem em cima do nosso barco, porque todas as coisas estão debaixo do senhorio de Jesus. Todas.

A primeira atitude do Diabo quando passamos por uma tribulação é tentar confundir os nossos pensamentos, fazendo-nos achar que estamos sozinhos e sendo retalhados por ele, totalmente à revelia de Deus. Por isso, precisamos constantemente nos lembrar de quem nos mandou entrar no barco e atravessar o mar. Precisamos ter claro, pela fé e pelo poder da oração, que, se foi Jesus quem nos enviou, mesmo a pior das tribulações está debaixo de seu senhorio e tem poder para nos ensinar algo precioso, mediante a vontade boa, agradável e perfeita de Deus. Temos de depositar nossa fé nele, a despeito das circunstâncias. Por isso, as tribulações não só são importantes, como fundamentais para aprendermos o lugar de Jesus em nossa vida e o nosso lugar nele. As fases de ventos e ondas fortes são preciosas para que aprendamos que as situações, por mais adversas que sejam, não podem tirar Deus de sua posição de senhorio sobre nós e todas as coisas.

*Precisamos aprender a ter mais fé em Deus quando a tempestade está bem em cima do nosso barco, porque todas as coisas estão debaixo do senhorio de Jesus.*

A terceira e mais incrível lição é que Jesus sempre está conosco e sempre estará — mesmo nas piores tempestades. Foi ele mesmo quem nos afirmou: "E eis que estou convosco todos os dias até à consumação do século" (Mt 28.20). Ele está e estará conosco todos os dias, até o último dia. Quando os discípulos estavam com medo da tempestade e achando que um fantasma se aproximava do barco, Jesus lhes disse: "Tende bom ânimo! Sou eu. Não temais!" (Mt 14.27). Eles demoraram a ter fé, mas Pedro lançou-se ao desafio de ir na direção do Mestre, caminhando sobre as águas. Foi quando o inusitado aconteceu: o apóstolo começou a afundar, sem que Jesus fizesse nada para impedir. Muitos dizem que o Senhor permitiu que Pedro afundasse para que aprendesse a não duvidar dele, mas não foi por isso. Quando Jesus segurou, com carinho e misericórdia, a mão de seu amigo e o conduziu de volta ao barco, o fez para que Pedro e os demais discípulos se lembrassem de que, em toda e qualquer situação, não precisariam duvidar de seu cuidado, pois Jesus estaria com eles. Jesus está e estará conosco, pois ele é Emanuel, o Deus presente. E devemos ter fé nisso.

As tribulações servem para nos dar ciência de que a vida com Jesus tem suas dificuldades, mas ele tem seus propósitos, intercede por nós, caminha conosco, não nos deixa sozinhos e continua sendo Senhor sobre todas as coisas.

## Dependência em meio à tempestade

Um dos personagens mais impressionantes de toda a Escritura é Elias. Ele dependia completamente de Deus, e todos os seus grandes feitos foram fruto dessa dependência. Elias surge no relato bíblico do nada, no capítulo 17 de 1Reis. Ele não descendia de uma linhagem conhecida e não tinha antepassados citados antes de seu nome. Era um homem comum e, aparentemente, sem importância. Mas, assim que surgiu no cenário nacional israelita, já trazia consigo uma incumbência importantíssima: a de levar uma sentença da parte de Deus para Acabe, então rei de Israel.

E a sentença era terrível. Elias, em sua primeira atribuição profética registrada, precisa dar uma notícia de morte ao monarca, para lhe dizer que existia alguém mais importante que o próprio rei de Israel, e que esse alguém imporia sobre a nação uma seca de anos. Mesmo não sendo uma tarefa nada fácil, ao contrário arriscadíssima, era um privilégio para o profeta falar diretamente ao rei em nome de Deus. Sim, era um encargo de muita honra, apesar de a notícia ser péssima e colocar Elias em risco de morte. Era preciso ter fidelidade e coragem e depender de Deus. Isso tudo poderia ter iludido Elias, fazendo-o pensar que seu ministério se passaria no contexto do palácio real. Mas Deus tinha mais para ele.

> Então, Elias, o tesbita, dos moradores de Gileade, disse a Acabe: Tão certo como vive o SENHOR, Deus de Israel, perante cuja face

> estou, nem orvalho nem chuva haverá nestes anos, segundo a minha palavra. Veio-lhe a palavra do SENHOR, dizendo: Retira-te daqui, vai para o lado oriental e esconde-te junto à torrente de Querite, fronteira ao Jordão. Beberás da torrente; e ordenei aos corvos que ali mesmo te sustentem. Foi, pois, e fez segundo a palavra do SENHOR; retirou-se e habitou junto à torrente de Querite, fronteira ao Jordão. Os corvos lhe traziam pela manhã pão e carne, como também pão e carne ao anoitecer; e bebia da torrente. Mas, passados dias, a torrente secou, porque não chovia sobre a terra.
>
> 1Reis 17.1-7

Depois que Elias cumpriu a ordem de falar com Acabe, curiosa e surpreendentemente, Deus mandou que o profeta se retirasse. Após levar a mensagem para ninguém menos do que o rei da nação, Elias podia ter pensado algo como "Agora meu ministério vai decolar, pois falei direto com o soberano. Imagine só o que Deus tem para mim!". Se o pensamento dele fosse nessa linha, seria uma surpresa gigantesca receber do Senhor a ordem para se retirar, se esconder, se abrigar no ostracismo, na solitude e no silêncio.

Deus conhecia a condição do coração de Elias em sua intimidade, assim como conhece nosso coração no mais profundo de nossa intimidade. Ele sabe quanto pode nos elevar e quanto precisa nos quebrantar. O Todo-poderoso sabia que aquela profecia poderia produzir em Elias altivez e orgulho. Assim, ele mesmo ordenou que Elias saísse de cena, sabendo que o profeta enfrentaria situações ainda maiores e mais difíceis, para as quais precisaria preparar-se, mesmo sem saber. Deus pôs Elias numa tempestade emocional.

O Todo-poderoso é Senhor da História. Ele é Senhor de nosso passado, presente e futuro. Ele sabe pelo que passamos e pelo que ainda passaremos e, por isso, nos prepara para aquilo que nem sabemos, mesmo que no presente não entendamos as razões. Elias pode ter achado estranhíssima a ordem de Deus de fazê-lo ausentar-se de tudo, logo depois que o profeta falou diretamente com o rei. Mas Deus sabia muito bem o que viria pela frente. Se Elias tivesse se rebelado, não estaria preparado para muitas circunstâncias ainda mais difíceis que, hoje, sabemos que ele enfrentaria. Mas Elias dependeu do Senhor e obedeceu e, por esse motivo, nas horas em que precisou estar preparado para enfrentar grandes tempestades, de fato estava firme o suficiente para isso. Elias foi levado ao isolamento a fim de aprender a depender exclusivamente de Deus. Ali, em seu retiro, ele tinha como única opção recorrer tão somente ao Senhor.

Você já passou por isso? Já esteve em alguma situação na qual não conseguia resolver nada do que tinha em mãos? Em que absolutamente nada que algum amigo ou familiar pudesse fazer para socorrê-lo seria capaz de dissipar os ventos, os raios e as trovoadas? Em que nenhum recurso imediato, senão a fé, poderia levá-lo a passar por aquele pedaço do caminho e chegar ao outro lado? É em momentos assim que aprendemos a depender exclusivamente do Senhor — quando só há eu (ou você), Deus e ninguém mais. É nessas horas, quando você é confrontado com sua impossibilidade e pequenez, que ocorre um encontro profundo com Deus. Ele e você. Você e ele. Só. Com Elias aprendemos a total dependência do Senhor quando chega a tempestade.

*É em momentos assim que aprendemos a depender exclusivamente do Senhor — quando só há eu (ou você), Deus e ninguém mais. É nessas horas, quando você é confrontado com sua impossibilidade e pequenez, que ocorre um encontro profundo com Deus. Ele e você. Você e ele. Só.*

Um detalhe curioso e significativo na história desse profeta é o nome do lugar em que Deus o mandou esconder-se, próximo a um riacho chamado Querite. A palavra hebraica *querite* tem dois sentidos: "cortar" e "pôr no tamanho exato". Isso simboliza o que Deus queria fazer com Elias. Ele tinha a intenção de separá-lo de tudo, cortá-lo de sua missão por um tempo e moldá-lo como homem, para que, então, fosse ajustado e assumisse o tamanho exato que Deus desejava que tivesse. O objetivo era fazer que o profeta se encaixasse em seus planos perfeitos, por meio da dependência.

No início de 1Reis 17, Elias é apresentado como "o tesbita". É curioso perceber que, ao chegar no último versículo do mesmo capítulo, ele é reconhecido como "homem de Deus", alguém em cuja boca "a palavra do SENHOR [...] é verdade" (v. 24). Se você quiser ser usado pelo Altíssimo, precisa ser "cortado", externamente, de todo ativismo que nos faz esquecer de quem somos; e, internamente, para que tome a estatura e o tamanho certos nas mãos de Deus, a fim de se encaixar de modo perfeito em seus planos. O único modo de alcançar esse objetivo é aprendendo a depender completamente do Senhor.

Você acha que foi agradável para Elias ser retirado do palácio, da cidade, de seu contexto de conforto, e ser lançado à tempestade do ostracismo? Que foi fácil acreditar que o alimento viria pela boca de corvos? Que ele não ficou confuso quando o córrego que lhe servia para a sobrevivência mais básica secou? Diante de todas as adversidades, Elias tinha duas opções: retroceder ou ter fé, em total e submissa dependência de Deus.

Se voltasse para a cidade, o profeta teria água e comida com alguma facilidade. Mas seria essa a vontade de Deus para ele? Elias havia ouvido a voz do Senhor e sabia o que Deus queria dele. Se perdesse para as circunstâncias, nunca seria quem foi. Mas, se confiasse, teria a presença de Deus consigo, constantemente, até quando parecesse estar ausente. A realidade é que não precisamos de mais nada — seja água, seja comida — quanto precisamos da presença de Deus conosco e em nós. Elias teve fé e dependeu. E Deus foi com ele. Com isso, venceu a tempestade que se apresentou em sua vida e saiu dela como uma pessoa muito mais íntima de Deus e mais preparada para as agruras da vida. Isso ocorreu por ter aprendido a depender do Senhor em meio às piores tormentas que vivenciara até então.

Elias dependeu, teve fé e experimentou um nível de relacionamento com Deus como poucos. As tribulações fizeram dele um homem de Deus, em cuja boca habitavam as palavras da verdade. Se nos encontrássemos com ele, hoje, certamente ouviríamos de seus lábios que valeu a pena e que ele faria tudo de novo, se pudesse voltar ao passado.

## Tempestades que resultam da desobediência

Neste ponto, é necessário fazer uma ressalva: é possível que passemos por tribulações e provações que não tenham nada a ver com a vontade absoluta de Deus. Isso ocorre quando as nossas decisões equivocadas nos levam a lugares cada vez mais distantes da presença do Senhor. Nesse caso, independência é morte.

Migrar para longe da vontade de Deus é trilhar um caminho que tem como destino a morte. Quando tomamos más decisões e nos embrenhamos pelo caminho obscuro do pecado e da autossuficiência, abandonamos o Senhor, o deixamos para trás e caminhamos a passos largos em direção ao abismo. Como consequência, experimentamos o gosto amargo de muitos males já nesta vida, tormentas que vêm não por opção divina, mas por inconsequência humana. Uma vida de autonomia espiritual é uma vida sem Deus. Uma vida sem Deus é uma vida de pecado. E uma vida de pecado é um caminho de morte.

Por mais que seja até mesmo inteligente escolher o caminho de vida em Deus, mesmo em meio às mais difíceis tribulações, é impressionante como grande parte das pessoas opta por caminhos que levam para longe dele. E isso, apesar de triste, não é novidade. A Bíblia fala sobre essa questão: "Entrai pela porta estreita (larga é a porta, e espaçoso, o caminho que conduz para a perdição, e são muitos os que entram por ela), porque estreita é a porta, e apertado, o caminho que conduz para a vida, e são poucos os que acertam com ela" (Mt 7.13-14).

Portanto, é importante sabermos que nem toda tribulação nos é imposta pela vontade absoluta de Deus. Pelo contrário. Grande parte das circunstâncias tristes e negativas que vivemos são fruto de escolhas ruins, resultado de nossa natureza pecaminosa, e nos trazem consequências de morte. Não há nada de bom nisso. Como Deus é incrivelmente misericordioso, podemos tirar lições até mesmo de situações nas quais nos metemos sozinhos, aprender com elas e nunca mais as repetirmos. Podemos tirar lições boas de situações ruins, é verdade. Mas muito melhor do que isso é cumprirmos o propósito do Senhor em nossa vida e aprendermos tendo-o ao nosso lado, e não depois de sofrermos sozinhos. Que as tempestades sejam projetos de Deus e jamais resultado de decisões humanas desastrosas.

*Nem toda tribulação nos é imposta pela vontade absoluta de Deus. Pelo contrário. Grande parte das circunstâncias tristes e negativas que vivemos são fruto de escolhas ruins, resultado de nossa natureza pecaminosa, e nos trazem consequências de morte.*

Sempre, em qualquer situação boa ou ruim, o grande presente é a presença de Deus em nossa vida. É melhor estar com Jesus, mesmo em momentos de grande tormenta, do que andar sem ele em caminhos aparentemente bons, com céu azul e sol no rosto. Pior ainda é andar sem ele pelo "vale da sombra da morte" (Sl 23.4).

Se formos olhar com sinceridade para nossa vida, veremos que nos envolvemos com muita frequência em lutas com Deus que têm como motivação assumir o controle das coisas, em especial de nossa vida. É cada vez mais raro encontrar aqueles que conseguem entregar o controle absoluto a Deus.

Quando fomos criados, o Senhor nos concedeu algo que demonstra seu grande amor: o livre-arbítrio. Ele abriu mão de escolher por nós, deixando-nos livres para decidir, inclusive, se viveríamos uma vida de entrega total a ele. Se não fosse desse modo, não haveria amor, pois a base do amor é a liberdade. Assim, temos a liberdade de escolher se seremos nossos próprios guias ou se nos entregaremos a ele. É essa possibilidade de escolha o grande desafio da vida cristã. Primeiro, porque Deus não nos força a o escolhermos. Segundo, porque é exatamente a liberdade de escolher que poderá nos levar para longe dele e de seus propósitos para nossa vida.

Deus não controla nossa jornada de forma autoritária. Ele nos permite caminhar sozinhos. Mas, ao lhe entregarmos nossa vida, seria um grande desperdício tentarmos rivalizar com aquele que nos ama e conhece todas as coisas. Por isso, nosso grande desafio é exatamente abrirmos mão desse autocontrole e delegarmos ao nosso Pai todo o controle e o comando de nossa vida.

Largar os remos e deixar o Senhor assumir controle absoluto de nossos passos demanda maturidade e renúncia. O problema é que ninguém gosta de renunciar, principalmente quando a renúncia envolve algo precioso, como a própria vida. Esse é o desafio para o qual somos chamados, o de renunciar, primeiro, à nossa natureza pecaminosa e assumir o caráter de Cristo, plantado em nós pela ação do Espírito Santo. Em seguida, renunciar ao controle de nossa vida, delegando-o ao Deus soberano. Essa renúncia é indispensável; afinal, por melhores que sejam as nossas intenções, sem Deus seria impossível alcançar a maturidade e a sabedoria mínimas para caminharmos nessa vida de forma bem-sucedida.

É possível que, ao ser confrontado com as verdades descritas aqui, você perceba que está atravessando alguma tempestade gerada por sua desobediência, por sua decisão de tomar de Deus o leme de sua vida e trilhar o caminho pecaminoso da independência. Se esse é o seu caso, é importante que saiba que existe um mecanismo capaz de levá-lo à rota da justiça e posicioná-lo no centro da vontade do Senhor — onde a tormenta é dissipada, o vendaval se torna brisa e a paz reina: o *arrependimento.*

O arrependimento é a via que nos aproxima de Deus. É quando deparamos com nossa realidade mais nua e crua; quando nada do que temos, somos ou fazemos é capaz de nos tornar alguém melhor; quando percebemos que precisamos de algo a mais do que nós mesmos e nossa estrutura para ser alguém minimamente digno nesta terra. E a única via capaz de nos pôr novamente de pé é a do arrependimento.

Arrepender-se é o processo de renunciar plenamente ao que encontramos em nós com vistas a alcançar uma nova natureza e trilhar um caminho que, de fato, nos leve a outra direção. Todavia, algumas pessoas entendem o arrependimento como um evento. Dizem: "Fiz algo errado e me arrependi; fiz de novo e me arrependi de novo". Isso não é arrependimento; é, no máximo, remorso. Arrependimento é bem mais que isso. É mais que um evento que ocorre em determinada circunstância e só vai acontecer outra vez quando errarmos novamente.

O arrependimento genuíno é um estado, e não um evento. Não é algo que acontece quando erramos ou um evento necessário para reconhecermos isto ou aquilo. O arrependimento é o encontro que, pelo menos uma vez na vida, temos com nós mesmos e que nos revela de fato quem somos, sem máscaras, nus de alma. Ao longo da vida, nos tornamos um tipo de gente. As circunstâncias nos influenciam, as pessoas com as quais convivemos também, assim como o contexto no qual crescemos. Tudo isso nos molda

*O arrependimento genuíno é um estado, e não um evento. Não é algo que acontece quando erramos ou um evento necessário para reconhecermos isto ou aquilo. O arrependimento é o encontro que, pelo menos uma vez na vida, temos com nós mesmos e que nos revela de fato quem somos, sem máscaras, nus de alma.*

e nos torna quem somos. Além disso, vestimos máscaras, ora para esconder o que não queremos que saibam de nós, ora para parecer que somos aquilo que não somos.

Tudo isso é virtual e incapaz de nos moldar de fato e fazer de nós seres íntegros. Só um encontro verdadeiro com Jesus Cristo pode nos revelar quem no fundo somos. E isso se dá quando nenhuma máscara, realidade ou influência pode se interpor entre nós e nós mesmos. Nessa hora, muitos de nós nos desesperamos, ao perceber quem nos tornamos e quão longe estamos do ideal de pessoa decente. Muita gente adoece, pensa em morrer, faz terapia, mas só um encontro com Jesus pode nos salvar do susto que tomamos quando deparamos, realmente, com nós mesmos.

Só Jesus pode nos pôr novamente de pé. Só ele pode nos fortalecer a ponto de conseguirmos continuar e mudar nossa realidade de fato, porque é Jesus, pelo poder do Espírito, quem pode mudar a nossa natureza de carnal para espiritual. E é o arrependimento pelo que somos, mais do que pelo que fizemos, a porta de entrada para uma mudança efetiva, para nossa nova vida em Jesus.

O arrependimento nos conduz para outro nível na vida espiritual, pondo-nos num estado de atenção em que já não damos as brechas que dávamos para que o mal dominasse de forma deliberada a nossa vida. Portanto, o arrependimento se dá de forma integral, quando assumimos uma nova posição em Jesus e a natureza do Senhor passa a ser, também, a nossa. O arrependimento que temos por eventos e pecados esporádicos é parcial, pois não dá conta de mudar nossa natureza. No máximo, faz-nos sentir culpados pelo que fizemos, mas não nos motiva a mudar de fato quem somos. Por isso, o arrependimento verdadeiro é um estado, e não um evento.

É pelo arrependimento que deparamos com nossa realidade e enxergamos como única saída nos entregar totalmente ao Criador. Assim, Jesus planta em nós seu Espírito Santo e nos dá uma natureza nova. Com isso, já não somos mais filhos do pecado, mas filhos do Deus altíssimo. E, nessa nova natureza, passamos a viver uma nova realidade, que pressupõe novas atitudes, um novo olhar sobre a vida, novas prioridades e um senso de propósito e de missão, pois, assim como Jesus nos resgatou, ele quer que sejamos instrumentos dele para fazermos o mesmo com outros, em seu nome. Nossa nova natureza em Jesus é o presente que recebemos quando passamos pelas portas do arrependimento e, com esse presente, asseguramos uma nova vida que nos leva à eternidade.

Eu e você temos a mesma oportunidade de nos afastar de nossa antiga natureza e trilhar um caminho que nos leve ao encontro do Pai e de sua vontade.

E, para isso, contamos com Jesus e o Espírito Santo. Afinal, "se alguém está em Cristo, é nova criatura; as coisas antigas já passaram; eis que se fizeram novas" (2Co 5.17). Basta lançar as coisas antigas ao mar e receber, pelas portas do arrependimento, as coisas novas.

Encontramos nas Escrituras muitos exemplos do tipo de tribulação que não é fruto da ação intencional de Deus, que é posta em prática a fim de nos aperfeiçoar e nos ensinar a ter fé e depender dele. É, isto sim, um tipo de tempestade que somos obrigados a enfrentar como consequência de nossas decisões erradas. São escolhas que fazemos sozinhos e que nos levam para longe da vontade e dos propósitos de Deus. Veja o que ocorreu com Sansão:

> Então, Dalila fez dormir Sansão nos joelhos dela e, tendo chamado um homem, mandou rapar-lhe as sete tranças da cabeça; passou ela a subjugá-lo; e retirou-se dele a sua força. E disse ela: Os filisteus vêm sobre ti, Sansão! Tendo ele despertado do seu sono, disse consigo mesmo: Sairei ainda esta vez como dantes e me livrarei; porque ele não sabia ainda que já o SENHOR se tinha retirado dele. Então, os filisteus pegaram nele, e lhe vazaram os olhos, e o fizeram descer a Gaza; amarraram-no com duas cadeias de bronze, e virava um moinho

> no cárcere. [...] Abraçou-se, pois, Sansão com as duas colunas do meio, em que se sustinha a casa, e fez força sobre elas, com a mão direita em uma e com a esquerda na outra. E disse: Morra eu com os filisteus. E inclinou-se com força, e a casa caiu sobre os príncipes e sobre todo o povo que nela estava; e foram mais os que matou na sua morte do que os que matara na sua vida.
>
> Juízes 16.19-21,29-30

Outro personagem bíblico que colheu frutos amargos da decisão de agir pela força do próprio braço, e não pela vontade de Deus, foi Jefté. É interessante observar que ele acreditou estar fazendo algo que agradaria o Senhor, embora certamente não estivesse:

> Fez Jefté um voto ao SENHOR e disse: Se, com efeito, me entregares os filhos de Amom nas minhas mãos, quem primeiro da porta da minha casa me sair ao encontro, voltando eu vitorioso dos filhos de Amom, esse será do SENHOR, e eu o oferecerei em holocausto. Assim, Jefté foi de encontro aos filhos de Amom, a combater contra eles; e o SENHOR os entregou nas mãos de Jefté. [...] Vindo, pois, Jefté a Mispa, a sua casa, saiu-lhe a filha ao seu encontro, com adufes e com danças; e era ela filha única; não tinha ele outro filho nem filha. Quando a viu, rasgou as suas vestes e disse: Ah! Filha minha, tu me prostras por completo; tu passaste a ser a causa da minha calamidade, porquanto fiz voto ao SENHOR e não tornarei atrás.
>
> Juízes 11.30-32,34-35

Outro exemplo bastante significativo de desobediência com consequências amargas é o de Ananias e Safira. Merece destaque, em especial, por estar no Novo Testamento:

> Entretanto, certo homem, chamado Ananias, com sua mulher Safira, vendeu uma propriedade, mas, em acordo com sua mulher, reteve parte do preço e, levando o restante, depositou-o aos pés dos apóstolos. Então, disse Pedro: Ananias, por que encheu Satanás teu

> coração, para que mentisses ao Espírito Santo, reservando parte do valor do campo? Conservando-o, porventura, não seria teu? E, vendido, não estaria em teu poder? Como, pois, assentaste no coração este desígnio? Não mentiste aos homens, mas a Deus. Ouvindo estas palavras, Ananias caiu e expirou, sobrevindo grande temor a todos os ouvintes. Levantando-se os moços, cobriram-lhe o corpo e, levando-o, o sepultaram. Quase três horas depois, entrou a mulher de Ananias, não sabendo o que ocorrera. Então, Pedro, dirigindo-se a ela, perguntou-lhe: Dize-me, vendestes por tanto aquela terra? Ela respondeu: Sim, por tanto. Tornou-lhe Pedro: Por que entrastes em acordo para tentar o Espírito do Senhor? Eis aí à porta os pés dos que sepultaram o teu marido, e eles também te levarão. No mesmo instante, caiu ela aos pés de Pedro e expirou. Entrando os moços, acharam-na morta e, levando-a, sepultaram-na junto do marido.
>
> Atos dos Apóstolos 5.1-10

Como se pode ver, a Bíblia é uma fonte rica de histórias de pessoas que enfrentaram tempestades terríveis, com consequências desastrosas, pelo fato de terem optado por caminhos de independência da vontade de Deus, mas, de todos os exemplos da Escritura, o que mais me impressiona é o do profeta Jonas. Ele foi escolhido por Deus para profetizar na cidade de Nínive. Ao perceber que o encargo era penoso demais, Jonas decidiu fugir para outra localidade. A consequência foi uma tempestade apavorante:

> Jonas se dispôs, mas para fugir da presença do SENHOR, para Társis; e, tendo descido a Jope, achou um navio que ia para Társis; pagou, pois, a sua passagem e embarcou nele, para ir com eles para Társis, para longe da presença do SENHOR. Mas o SENHOR lançou sobre o mar um forte vento, e fez-se no mar uma grande tempestade, e o navio estava a ponto de se despedaçar. Então, os marinheiros, cheios de medo, clamavam cada um ao seu deus e lançavam ao mar a carga que estava no navio, para o aliviarem do peso dela...
>
> Jonas 1.3-5

Mesmo diante da desobediência de Jonas, Deus ainda foi misericordioso em dar-lhe a chance de reverter o quadro negativo que ele mesmo havia gerado para si e para os que estavam ao redor:

> Disseram-lhe [os marinheiros]: Que te faremos, para que o mar se nos acalme? Porque o mar se ia tornando cada vez mais tempestuoso. Respondeu-lhes [Jonas]: Tomai-me e lançai-me ao mar, e o mar se aquietará, porque eu sei que, por minha causa, vos sobreveio esta grande tempestade. Entretanto, os homens remavam, esforçando-se por alcançar a terra, mas não podiam, porquanto o mar se ia tornando cada vez mais tempestuoso contra eles. Então, clamaram ao SENHOR e disseram: Ah! SENHOR! Rogamos-te que não pereçamos por causa da vida deste homem, e não faças cair sobre nós este sangue, quanto a nós, inocente; porque tu, SENHOR, fizeste como te aprouve. E levantaram a Jonas e o lançaram ao mar; e cessou o mar da sua fúria.
>
> Jonas 1.11-15

Jonas teve tempo para sentir o gosto amargo da desobediência, cair em si, mudar de rumo e retomar o caminho da obediência. Mas conheço muitas outras histórias de desobediência nas quais as consequências foram tão severas que as pessoas não tiveram condições de se recompor. E, assim, a tempestade as venceu. É para conseguir voltar ao prumo que o Espírito Santo nos convence "do pecado, da justiça e do juízo" (Jo 16.8).

O Espírito Santo que habita em nós é a fonte de discernimento para sabermos o caminho a tomar na confusão da tempestade e se aquilo que fazemos está debaixo da vontade e dos propósitos de Deus. Se orarmos e pedirmos discernimento, temos de crer que o receberemos.

Quantas vezes você teve o entendimento de que, mesmo não parecendo aos outros, estava trilhando um caminho errado, que o levaria a um destino mau? Tudo parecia bem e as aparências cooperavam para que todos pensassem que você estava no caminho certo, mas, no fundo, você sabia que estava se distanciando dos caminhos propostos por Deus.

É impressionante quanto Deus nos ama e como o seu Espírito tem ciúme de nós. Pode parecer que tudo vai bem, mas nós sabemos quando não vai. O Espírito nos fala, nos sopra, nos avisa. Mesmo que tudo aponte para um lado, sabemos o lado para o qual Deus nos chama. Sua voz é inconfundível.

*O Espírito nos fala, nos sopra, nos avisa. Mesmo que tudo aponte para um lado, sabemos o lado para o qual Deus nos chama. Sua voz é inconfundível.*

Por isso, é importante quando o Espírito Santo nos chama à obediência, porque, se não obedecermos à vontade divina, as consequências virão. Elas não tardam. Se passar por uma tribulação que nos fustiga por força da vontade de Deus já é difícil, imagine passar pela tempestade longe da presença do Senhor.

A história de Jonas é reveladora quanto a isso. Imagine se ele fosse parar na barriga do "grande peixe" (Jn 1.17) desprovido do auxílio divino, sem a chance de estar com o Senhor, de ser protegido por ele, de ser guiado e amparado pelo Pai e, consequentemente, de crescer na fé. Passar por uma dor tremenda como consequência do distanciamento de Deus é terrível, pois passar pelo vale da sombra da morte sozinho e sem proteção é estar no meio de um furacão sem ter onde se segurar. Acredite, não vale a pena.

Se nós costumamos brincar com isso, é bom lembrarmos que o Diabo não brinca em serviço. Ele não tem nenhuma pretensão de nos fazer sair de uma tribulação melhores do que entramos. Satanás quer nos destruir. Não troque a presença de Deus por nada.

Com Jesus, até a tribulação mais difícil tem um propósito eterno. Mas, sem ele, até a vida mais tranquila é caminho de morte. Que dirá, então, uma provação.

Se temos um Deus que nos ama, tem propósitos para nossa vida e usa as dificuldades para nos fazer crescer na fé e nos elevar como nunca, por que optar por uma vida sem significado, cujo ponto final é a morte?

O Senhor é tão misericordioso e ama tanto você que continua esperando com os braços abertos, para dar sentido à sua vida e fazer que ela cumpra seus propósitos eternos, fora dos quais nada vale a pena. Deus quer que os desobedientes voltem à obediência antes que as tempestades os destruam.

Ore e peça discernimento. Se você está longe de Deus, significa que está em um caminho de morte. Seu barco está afundando. Se está sofrendo sozinho, lembre-se de que ele quer caminhar com você, mesmo em meio à tribulação. Se você não vê sentido para sua vida, saiba que a vontade do Todo-poderoso é boa, agradável e perfeita. Não há por que continuar onde está, se o lugar que ele tem para você, debaixo de seu amor e senhorio, é o melhor lugar em que você poderia estar.

A má notícia é que qualquer caminho sem Deus, em desobediência, é caminho de morte. A boa notícia é que, com Deus e em obediência, mesmo em meio à mais difícil tribulação encontramos paz, direção e propósito.

# 2

# Reforçando a embarcação

# O processo de amadurecimento

> Não vos sobreveio tentação que não fosse humana; mas Deus é fiel e não permitirá que sejais tentados além das vossas forças; pelo contrário, juntamente com a tentação, vos proverá livramento, de sorte que a possais suportar.
>
> 1Coríntios 10.13

O modo como encaramos o sofrimento é fundamental para aprendermos as lições que ele nos proporciona. Só sairemos das tempestades melhores do que entramos se assimilarmos esse aprendizado. Como vimos no capítulo anterior, é muito importante termos a consciência de que sofrer é inevitável. De tempos em tempos depararemos com novas tribulações, até chegarmos à glória celestial, quando só então não haverá lágrimas nem dor. Nosso sofrimento e o daqueles que amamos é um fato irrefutável, que só perde para outra verdade bíblica: a de que aqueles que estão em Jesus Cristo não sofrerão além das suas forças. Esse é o grande alento.

Nosso Deus continua Senhor sobre todas as coisas, mesmo quando não parece. Ele é soberano, além de todas as situações e circunstâncias. O Todo-poderoso sempre será Deus, mesmo quando parecer que estamos sozinhos. E esta é a maior e melhor verdade em que devemos depositar toda a nossa fé: o sofrimento não é maior do que nosso Senhor — afinal, é o próprio Deus quem permite que soframos. Portanto, ele nunca permitirá que sejamos tentados além das nossas forças; pelo contrário, juntamente com a tentação, nos proverá livramento para que a suportemos.

Nesse sentido, o que Paulo diz em 1Coríntios 10.13 é uma das informações mais importantes da Bíblia sobre o assunto. Se você está sofrendo, leia e releia esse versículo. Ore ao Senhor, agradecendo por sua companhia neste momento de crise. Deixe sua fé preenchê-lo de tal forma que lhe dê a firmeza de que precisa para continuar a caminhar, sabendo, mais do que nunca, que você não está sozinho e que o sofrimento pelo qual está passando é menor, em Deus, do que aquilo que consegue suportar e vencer.

Jesus é o maior exemplo bíblico dessa realidade. Quando caminhava rumo à tempestade mais assustadora de sua vida, ele disse algo extraordinário sobre sua morte e ressurreição.

> Ora, entre os que subiram para adorar durante a festa, havia alguns gregos; estes, pois, se dirigiram a Filipe, que era de Betsaida da Galileia, e lhe rogaram: Senhor, queremos ver Jesus. Filipe foi dizê-lo a André, e André e Filipe o comunicaram a Jesus. Respondeu-lhes Jesus: É chegada a hora de ser glorificado o Filho do Homem. Em verdade, em verdade vos digo: se o grão de trigo, caindo na terra, não morrer, fica ele só; mas, se morrer, produz muito fruto. Quem ama a sua vida perde-a; mas aquele que odeia a sua vida neste mundo preservá-la-á para a vida eterna. Se alguém me serve, siga-me, e onde eu estou, ali estará também o meu servo. E, se alguém me servir, o Pai o honrará. Agora, está angustiada a minha alma, e que direi eu? Pai, salva-me desta hora? Mas precisamente com este propósito vim para esta hora. Pai, glorifica o teu nome. Então, veio uma voz do céu: Eu já o glorifiquei e ainda o glorificarei.
>
> João 12.20-28

O sofrimento era iminente. Jesus sabia que tinha vindo à terra para sofrer e morrer. Por isso, começou a falar de forma subjetiva e metafórica a respeito da tempestade mais assustadora de sua vida, que já despontava no horizonte: sua paixão e morte. Ao longo dos Evangelhos, várias vezes vemos que Jesus começa a travar uma luta interna sem, contudo, desviar-se de sua missão.

Nem o próprio Jesus escapou do sofrimento; pelo contrário, ele encarnou a fim de sofrer. Ele sabia que o propósito de sua vinda era a cruz, a morte expiatória para o perdão dos pecados e a redenção de bilhões de pessoas ao longo da história, em todo o mundo. A cruz era a porta para a salvação do mundo e ele, o Filho de Deus, sofreria por esse propósito maior, mesmo sem nenhuma culpa. Uma das profecias mais extraordinárias sobre o Messias não o descreve com as honras e pompas de um rei poderoso, mas como um servo sofredor (cf. Is 53).

*Nem o próprio Jesus escapou do sofrimento; pelo contrário, ele encarnou a fim de sofrer. Ele sabia que o propósito de sua vinda era a cruz, a morte expiatória para o perdão dos pecados e a redenção de bilhões de pessoas ao longo da história, em todo o mundo.*

Jesus deu o exemplo de como se deve encarar o sofrimento, sobretudo quando este vem sem que se tenha culpa. O Mestre não só atravessou obedientemente uma tempestade que ele não merecia enfrentar, como aceitou morrer em virtude de algo muito maior. Imagine se Jesus virasse para o Pai e dissesse: “Não, Senhor, eu não tenho nada a ver com isso. Eles pecaram; que paguem a conta e sofram as consequências do mal que assumiram sobre si por conta da decisão errada”. Mas, não, ele não disse isso. Pelo contrário, assumiu a minha e a sua culpa, carregando sobre si o sofrimento que nós deveríamos suportar. Jesus sofreu até a morte de cruz para que eu e você, hoje, sejamos salvos em seu nome.

Outro aspecto importante do sofrimento vicário de Jesus é que ele “ tomou sobre si as nossas enfermidades e as nossas dores levou sobre si” (Is 53.4), o que mostra que ele conhece as nossas dores. Jesus sabe que sofremos, quanto sofremos e como sofremos. O Deus encarnado tem empatia com o sofrimento humano. Ele se fez gente e, com isso, sentiu o que sentimos e sofreu o que sofremos. Por carregar as nossas dores, ele sabe exatamente como e onde elas nos doem.

O discurso de Jesus registrado por João deixa isso muito evidente: "Agora, está angustiada a minha alma...", disse o Cordeiro de Deus. Ali ficou claro quanto ele sofreu por saber que morreria de forma brutal para carregar sobre seus ombros humanos todos os pecados da humanidade. Aproximava-se o momento em que ele seria traído por um de seus discípulos e também aquele em que um de seus melhores amigos o negaria três vezes. Jesus, sendo homem, claramente demonstrou que sofria por conta disso tudo. A morte estava próxima, e ele tinha consciência de que teria de enfrentá-la. A verdade é que nenhuma de nossas lutas se compara à luta do Deus encarnado.

## A grande escola

Qual tem sido o seu grande sofrimento? Que tempestade tem assolado sua vida? Ela chega perto do que foi o sacrifício de Jesus? Uma das grandes lições de Jesus para nós tem a ver com a forma de encarar o sofrimento: ele o enfrentou até o final, sem murmúrios, sabendo que não há missão mais extraordinária que a de obedecer ao Pai até o fim. O modo como ele encarou a pior tempestade de sua vida é uma escola preciosa para cada um de nós e cria um paradigma para como devemos compreender e enfrentar os sofrimentos que nos sobrevêm.

A escola de Jesus nos deixa como legado muitas reflexões. Ao analisar tudo o que ele enfrentou, entendemos que o Mestre está nos dizendo: "Eu sofri por vocês até as últimas consequências, mesmo sem ter culpa, e venci. Então, vocês também podem vencer. Eu me fiz homem para mostrar-lhes como um homem pode ser. Se eu venci, vocês também podem vencer". Lembre-se de que tudo está debaixo da realidade de que ele mesmo não permitirá que sejamos tentados além das nossas forças; pelo contrário, juntamente com a tentação, teremos livramento, de sorte que a possamos suportar.

Jesus sofre por nós, nos mostra que o sofrimento é inevitável, nos ensina a encará-lo e ainda nos dá todas as ferramentas necessárias para sermos vitoriosos. Ele, mais do que nós mesmos, conhece nossa fragilidade e sabe que, ao menor sinal de tempestade, já nos desesperamos. Por isso, o próprio Jesus nos ensina como devemos encarar o sofrimento. E também passa pelo sofrimento conosco. Cristo não deseja que sejamos reprovados. Assim, ele nos equipa para que sejamos aprovados no sofrimento e saiamos vitoriosos da tempestade.

Nessa passagem, encontramos um Jesus que, diante de uma realidade tão dura, opta, sem nenhuma dúvida, por glorificar o Pai: "Pai, glorifica o teu nome", diz o Filho. Ele sabe que a tempestade virá. Todavia, entende que há uma missão muito maior a ser cumprida. É interessante que ele assume que sua alma está angustiada. Jesus não é insensível ao sofrimento. Jesus é homem, plenamente homem, e essa é a natureza de sua angústia. Não seria mais fácil pedir que o Pai o salvasse? Sim, seria. Mas ele escolhe pedir que o Pai glorifique o seu nome, porque a glória de Deus se sobrepõe a todas as outras coisas.

*Jesus não é insensível ao sofrimento. Jesus é homem, plenamente homem, e essa é a natureza de sua angústia. Não seria mais fácil pedir que o Pai o salvasse? Sim, seria. Mas ele escolhe pedir que o Pai glorifique o seu nome, porque a glória de Deus se sobrepõe a todas as outras coisas.*

Tenho certeza de que, se estivessem em uma situação parecida, 99% dos cristãos escolheriam pedir ao Pai que os salvasse. Ao menor sinal de tempestade, gritariam: "Pai, salva-me!". Porém, nos esquecemos de que nossa vida tem um propósito maior:

a glória de Deus. Quem de nós não deseja glorificar o Senhor com a própria vida? Creio que todo bom cristão deseja. Mas e quando o preço para isso é viver algum tipo de sofrimento?

Jesus nos ensina que existe um propósito maior para todos os momentos da vida, inclusive na hora da tempestade, quando parece que não há horizonte e que todos os portos seguros se fecharam a nós. Nesse instante de grande tribulação, Deus continua sendo Deus. Ele prossegue sendo soberano sobre tudo, digno e merecedor de toda glória nos céus e na terra. Não há nada mais extraordinário e importante em sua vida e na minha do que sermos agentes da glória de Deus, inclusive e sobretudo no sofrimento.

A escola de Jesus é a da obediência até a morte, passando pelos mais profundos e violentos sofrimentos, sem arredar pé de sua missão de glorificar ao Pai. Tudo para que o nome do Senhor seja exaltado sobre a morte e a vida, porque Jesus ressuscitou, e tudo também para que soubéssemos que não estamos sozinhos e que servimos a um Deus pessoal e presente, que sabe exatamente o que enfrentamos — pois sentiu na própria pele o que é sofrer nesta terra, sem ter culpa nenhuma.

Jesus é nosso principal professor na escola do sofrimento. E, se ele venceu, com ele podemos vencer também.

## A lição da águia

Não é apenas em Jesus que encontramos na Bíblia preciosas lições sobre amadurecimento. Ao longo de toda a Escritura há histórias e ensinamentos sobre a forma como devemos evoluir na fé e sobre como o Pai trabalha em nossa vida a fim de nos solidificar no evangelho e produzir nosso amadurecimento. Um exemplo extraordinário é Moisés, o grande libertador do povo hebreu. Em seus últimos dias sobre a terra, ele ensinou uma canção ao povo israelita, que começa assim:

> Inclinai os ouvidos, ó céus, e falarei; e ouça a terra as palavras da minha boca.

Goteje a minha doutrina como a chuva, destile a minha palavra como o orvalho, como chuvisco sobre a relva e como gotas de água sobre a erva.

Porque proclamarei o nome do SENHOR. Engrandecei o nosso Deus.

Eis a Rocha! Suas obras são perfeitas, porque todos os seus caminhos são juízo; Deus é fidelidade, e não há nele injustiça; é justo e reto.

Procederam corruptamente contra ele, já não são seus filhos, e sim suas manchas; é geração perversa e deformada.

É assim que recompensas ao SENHOR, povo louco e ignorante? Não é ele teu pai, que te adquiriu, te fez e te estabeleceu?

Lembra-te dos dias da antiguidade, atenta para os anos de gerações e gerações; pergunta a teu pai, e ele te informará, aos teus anciãos, e eles to dirão.

Quando o Altíssimo distribuía as heranças às nações, quando separava os filhos dos homens uns dos outros, fixou os limites dos povos, segundo o número dos filhos de Israel.

Porque a porção do SENHOR é o seu povo; Jacó é a parte da sua herança.

Achou-o numa terra deserta e num ermo solitário povoado de uivos; rodeou-o e cuidou dele, guardou-o como a menina dos olhos.

Como a águia desperta a sua ninhada e voeja sobre os seus filhotes, estende as asas e, tomando-os, os leva sobre elas, assim, só o SENHOR o guiou, e não havia com ele deus estranho.

Deuteronômio 32.1-12

Os primeiros versículos dessa canção falam sobre a grandeza de Deus. Depois, o texto segue com uma exortação severa ao povo, para que entendesse quem o Senhor é e como deve ser tratado. Finalmente, Moisés começa a falar sobre como Deus criou, guiou e ensinou o povo, desde Jacó, por quem tinha afeição, de como ele resgatou e ensinou o filho caçula de Isaque, usando sua figura como metáfora para todo o povo. Porém, o mais interessante desse texto é a metáfora que Moisés usa, citando a águia e a forma como ela cuida de seus filhotes e os ensina a voar. É uma metáfora incrível.

Você sabe como a águia ensina seus filhotes a voar? Primeiro, ela protege o ninho como uma leoa dos céus. Ninguém chega perto de um ninho de águia. Até porque ela põe os ovos em lugares muito altos. Assim que os filhotes nascem, ela os alimenta com todo o cuidado, para que cresçam com vigor, uma vez que são aves de grande porte, predadoras naturais de seu meio. Em determinada época, quando a mãe sabe, por instinto, que os filhotes precisam aprender a voar para, então, trilharem o próprio caminho, ela mesma toma a atitude de instá-los a sair. Nessa fase, a mãe águia pega filhote por filhote no bico, os leva a algum píncaro e os empurra lá de cima, forçando-os a aprender a voar.

O mais incrível é que dificilmente um filhote aprenderá a voar assim, do nada, na primeira experiência. É então que a mãe dá um rasante, pega o filhote com o bico, o leva novamente ao cume de onde o empurrou e torna a empurrá-lo, repetindo esse processo até que o pequenino aprenda a voar. Esse é o método de amadurecimento natural do filhote. O crescimento lhe é exigido e, como resultado disso, ele alcança a autonomia e a possibilidade de, a partir de então, escrever a própria história.

Moisés usa exatamente essa ilustração para explicar a relação de Deus com seu povo durante a peregrinação pelo deserto. O Senhor havia libertado os israelitas do Egito e os conduzira com todo o cuidado e toda a diligência ao longo dos anos. Ele os protegeu do sol causticante durante o dia e os aqueceu no frio da noite, não permitiu que suas sandálias se gastassem na caminhada, alimentou-os diariamente com tudo de que precisavam para sobreviver e cuidou para que chegassem a salvo à terra que lhes havia prometido.

Deus era como a mãe águia, e o povo, seus filhotes. Mas, então, chegou a hora de os israelitas aprenderem a voar, se desenvolverem e crescerem. Eles haviam chegado à Terra Prometida, e isso exigiria deles uma nova configuração, um posicionamento inédito, uma forma inovadora de ser e agir na terra, diante dos desafios que lhes sobreviriam.

Essa é uma transição que toda pessoa chamada por Deus terá de enfrentar. Todos esperavam chegar a Canaã, mas nem todos pensaram nos desafios que o período da entrada no novo território trazia consigo. O deserto era deserto, mas lá recebiam tudo de Deus, de forma quase passiva. Eles só caminhavam. Essa fase tinha como propósito formar e depurar o povo, com vistas a um novo momento, em que um desafio maior seria requerido, tendo a maturidade como pressuposto fundamental.

Nenhum pai deseja que o filho permaneça imaturo para sempre, vivendo debaixo de suas asas e sem aceitar os desafios do amadurecimento. Deus queria que o povo aprendesse a ser uma nação, a cuidar da terra, a adorá-lo, a depender dele como Deus, e não mais como um interventor para tudo. O Senhor os estava empurrando para que aprendessem a voar com as próprias asas.

*Nenhum pai deseja que o filho permaneça imaturo para sempre, vivendo debaixo de suas asas e sem aceitar os desafios do amadurecimento.*

Isso significa que o Pai os abandonaria? Claro que não. Assim como a mãe águia não abandona seus filhotes, principalmente quando estão em queda livre, o que esse passo sugere é que Deus desejava que seu povo amadurecesse, crescesse e "aprendesse a ser gente". Depois de tantos anos de escravidão no Egito, os israelitas haviam perdido a dignidade. Também haviam conhecido os muitos deuses egípcios, o que acabou por confundi-los. Então, os anos de deserto serviram de depuração e escola para que aqueles homens e mulheres aprendessem sobre o Deus verdadeiro e sobre si mesmos. Uma vez que isso tivesse acontecido, lhes seria requerido demonstrar que haviam aprendido as lições que fariam deles um povo maduro.

Assim também é conosco. No início de nossa caminhada cristã, logo que somos alcançados pela graça divina, ganhamos sustento especial da parte de Deus. Ele nos nutre com alimento espiritual mastigado. Mas, conforme vamos crescendo, começamos a querer e precisar de alimento mais sólido e substancioso. "Despojando-vos, portanto, de toda maldade e dolo, de hipocrisias e invejas e de toda sorte de maledicências, desejai ardentemente, como crianças recém-nascidas, o genuíno leite espiritual, para que, por ele, vos seja dado crescimento para salvação" (1Pe 2.1-2).

Estar no ninho é maravilhoso, é confortável e seguro, mas fomos regenerados pelo Espírito Santo para bem mais que isso. Um momento fundamental na vida do cristão é quando o Pai o leva a algum píncaro e o empurra de lá. Imagine-se em queda livre; você olha para um lado, olha para o outro e... nada. Só cai. Algo é requerido de você, mas não fica claro o quê. Então, o próprio Deus o socorre de forma impressionante e sobrenatural. Porém, como ele sabe que a lição precisa ser aprendida, torna a empurrá-lo, para que você comece a pôr em prática tudo o que aprendeu. É maravilhoso, mas, reconheçamos, é assustador.

Nesse momento, parece que quase tudo fica mais difícil, o que pode levar a um questionamento: se Deus é bom, por que ele dificulta tudo? Sem encontrar resposta para essa pergunta, muitos entram num processo profundo de crise espiritual, com questionamentos e dúvidas — inclusive, acerca de sua conversão e de seu chamado.

Também é nesse momento que, persistentes e resilientes, experimentamos o melhor de Deus, num relacionamento profundo e sólido com ele. Por isso, não podemos desistir. E, quando nos lembramos de que Jesus afirmou que estaria conosco todos os dias e que nos prometeu que não permitiria que fôssemos tentados além das nossas forças, por mais que a tempestade seja um momento de crise, é em meio a ela que crescemos. Quando somos tirados de nossa zona de conforto, acabamos obrigados a amadurecer nossa fé e exercitar a confiança em Deus, por meio da oração e de um mergulho profundo na sua Palavra, em busca das respostas e do alento de que precisamos nos instantes de dúvidas e provas.

Ao sermos lançados pelo Pai dos píncaros da segurança para o vazio das tempestades da vida, descobrimos que nossa salvação pessoal tem caráter indissociavelmente comunitário e, por isso, não basta recebermos de Deus, uma vez que somos chamados a servi-lo mediante o serviço aos outros. Entendemos, em meio aos turbilhões da existência, que devemos levar adiante o que fizeram por nós em nome de Jesus, alimentando os recém-chegados à família da fé com o leite inicial, a fim de que cresçam e, então, se desenvolvam segundo o ciclo de maturação da fé pessoal.

Passado o terror da queda livre, somos resgatados pelo Pai, que jamais deixará que nos esborrachemos no chão. Ele sabe que podemos voar com nossas asas, conhecendo lugares até então desconhecidos e alçando voos ainda mais altos. É quando deparamos com um nível incrível de fé e uma situação maravilhosa no relacionamento com Deus. Assim, todo aquele sofrimento do processo de maturação é recompensado com uma fé madura e fortalecida, que, posta à prova nas tempestades da vida, torna-se ainda mais densa e apta a ser instrumento nas mãos do Pai, para a multiplicação de seu amor neste mundo.

*Passado o terror da queda livre, somos resgatados pelo Pai, que jamais deixará que nos esborrachemos no chão. Ele sabe que podemos voar com nossas asas, conhecendo lugares até então desconhecidos e alçando voos ainda mais altos.*

É bem triste que muitos insistam em continuar no ninho, apegados aos cuidados infantis e afeitos à comidinha mastigada, que já não os satisfaz. Vivem com fome, mas não têm coragem de voar por si mesmos. Acabam ficando amargos e murmuradores, dada a constante falta de saciedade. Gente assim vai ficando com o coração endurecido, porque sua fé torna-se raquítica e incapaz de produzir frutos. O processo natural da vida nos leva a crescer e amadurecer. Aquilo que fica estagnado adoece.

Lembro-me de meus filhos, em pleno processo de crescimento, reclamando de dores nas perninhas. Eu morria de dó e fazia massagem lentamente, para que a dor fosse amenizada, mas eu sabia que ela era natural e necessária. Eram os ossos crescendo e se desenvolvendo. Triste seria se esse processo não acontecesse, se eles permanecessem pequenos para sempre e não crescessem, como requer o ciclo natural da vida. Assim também acontece com a fé: sem "exercícios", ela não cresce. E sem crescimento, atrofia. Uma vez atrofiada, adoece. E gente de fé doente adoece os que estão perto. Por isso as tempestades são tão importantes, porque nos ajudam a crescer com saúde.

Crescer é necessário. Amadurecer é um chamado natural à caminhada cristã. Gente madura gera gente madura. A questão é que esse processo dói e requer sacrifício, amedronta, nos tira da zona de conforto e demanda coragem, mas, também, nos eleva a níveis de fé que nunca experimentamos. Este é o chamado do próprio Deus para nós: sair da segurança do ninho, lançar-se no vazio, cair no olho do furacão. Ele deseja que cresçamos e nos desenvolvamos plenamente, encorpando a fé e multiplicando os frutos por meio de uma espiritualidade madura. Amadurecer dói, mas permanecer com uma fé infantil é menosprezar o potencial que temos, em Deus, para crescer e nos desenvolver nele. Afinal, só assim seremos capazes de experimentar uma relação cada vez mais profunda com ele por meio do conhecimento de sua Palavra, da oração e do exercício da missão cristã.

Deus está empenhado em nos fazer crescer e em nos ensinar que podemos galgar mais e mais degraus na fé, a fim de que nossos frutos o glorifiquem cada vez mais e para que nos tornemos mais e mais parecidos com seu Filho, Jesus. Como diz a Palavra, "a vereda dos justos é como a luz da aurora, que vai brilhando mais e mais até ser dia perfeito" (Pv 4.18).

Deus é amoroso e infinitamente misericordioso e, como todo bom pai, quer ter filhos maduros. Para isso, ele mesmo nos empurrará do pico da montanha rumo a abismos turbulentos e a tempestades violentas, não para cairmos ou sermos abatidos, mas para aprendermos a voar.

# 3

# Sem terra à vista

# Superando o desânimo

> Exortamo-vos, também, irmãos, a que [...] consoleis os desanimados, ampareis os fracos e sejais longânimos para com todos.
>
> 1TESSALONICENSES 5.14

Na vida cristã é possível crer nas coisas corretas e vivê-las de modo errado. Como vimos no capítulo 1, o episódio em que Pedro tenta caminhar até Jesus em meio à tempestade é exemplar sobre essa realidade. "Respondendo-lhe Pedro, disse: Se és tu, Senhor, manda-me ir ter contigo, por sobre as águas. E ele disse: Vem! E Pedro, descendo do barco, andou por sobre as águas e foi ter com Jesus" (Mt 14.28-29).

É inegável que o apóstolo creu que aquele era Jesus, tanto que se lançou na empreitada de caminhar sobre as águas — algo que, sem a anuência do Senhor, seria inimaginável. Porém, algo errado aconteceu, visto que, no meio do caminho, Pedro começou a afundar.

Aquele homem acreditou, teve coragem e agiu, mas, subitamente, duvidou. E a dúvida enfraqueceu sua fé. Observe que ele não deixou de acreditar que era Jesus quem estava ali, mas sua fé foi abalada pelo contexto imediato que estava vivendo. Ele continuava a crer, mas o vento, as ondas e os trovões fizeram que sua fé não fosse suficiente para que continuasse a caminhar. O que aconteceu? Pedro afundou. E afundou em razão de algo chamado *desânimo*. A caminhada começou bem, mas o esvaziamento do ânimo, provocado pelas adversidades, levou ao fracasso daquela empreitada.

Os dicionários definem desânimo como "estado de quem se mostra desanimado, desestimulado; desalento, desanimação, esmorecimento". Foi o que houve com Pedro, e é um dos fenômenos que ocorrem com a igreja de nossos dias, pois os filhos de Deus pararam de exercitar a fé no sobrenatural. As facilidades da vida cotidiana têm enfraquecido a nossa espiritualidade. Acreditamos que não precisamos crer no sobrenatural, pois, afinal, conseguimos resolver quase tudo por meios naturais. Mas as coisas mais importantes da vida ocorrem no ambiente espiritual, invisível, transcendente, e é exatamente por direcionarmos o ânimo para o que é material, visível e imanente que não obtemos êxito.

Se desanimamos na fé, paramos de exercitá-la e, quando precisamos dela, a encontramos tão enfraquecida que a força dos ventos e das ondas nos faz afundar. Manter-se com ânimo nas coisas da fé é tão importante que o próprio Jesus agiu, na terra, não em seu nome, mas em nome do Pai, pelo poder do Espírito Santo. O Deus encarnado agiu espiritualmente em nome do Pai, pela fé, a ponto de retirar-se com regularidade para orar e exercitar a "musculatura" da fé.

É muito importante identificarmos os perigos que ameaçam nossa vida espiritual, a fim de nos protegermos deles com sabedoria e cuidado. Não tenho dúvida de que o desânimo é uma de nossas principais fraquezas, sobretudo porque só nos damos conta de que ele se instalou quando já estamos quase sem forças para reagir.

Tiago trata dessa questão em sua carta. "Chegai-vos a Deus, e ele se chegará a vós outros. Purificai as mãos, pecadores; e vós que sois de ânimo dobre, limpai o coração" (Tg 4.8). Primeiro, o irmão de Jesus exorta os pecadores de modo geral a se aproximarem de Deus mediante a metafórica "purificação das mãos". Segundo, ele admoesta outro grupo, o das pessoas de "ânimo dobre", isto é, aqueles que têm a mente dividida. No contexto, isso é uma referência aos que não pensam ou não priorizam um modo de viver baseado nas coisas espirituais. A esses, Tiago recomenda que purifiquem a mente. É bastante significativo que ele ponha esses dois grupos de pessoas em uma mesma categoria: a daqueles que precisam se chegar a Deus. Pois, se necessitam se aproximar do Senhor, logo, são indivíduos que se encontram distantes dele.

*Não tenho dúvida de que o desânimo é uma de nossas principais fraquezas, sobretudo porque só nos damos conta de que ele se instalou quando já estamos quase sem forças para reagir.*

Vamos nos concentrar no segundo grupo, o de gente com "ânimo dobre", aqueles que oscilam entre dois campos diametralmente opostos. Perceba que não é possível mesclar as possibilidades: ou creem, ou não creem. Ou se entregam, ou se preservam. Ou se animam, ou se prostram — sem vontade, alegria, paz ou esperança. A pessoa que se entrega ao desânimo age como se acordasse com o corpo, mas deixasse a alma na cama. E, pasme, essa é uma das realidades mais vistas na igreja de nossos dias, a de gente cuja fé está tão enfraquecida que não consegue mais reverter o quadro por conta própria.

A boa notícia é que não estamos sozinhos. Por mais que a alma do cristão esteja cansada e o espírito, enfraquecido, aquele que nos conhece e nos ama ainda tem o mesmo poder, a mesma soberania e o mesmo amor por nós. E é ele mesmo o maior interessado em nos ajudar a passar pelo vale e a nos tirar dele mais maduros e fortalecidos na fé.

O desânimo é uma realidade muito triste e, embora esteja presente de forma epidêmica em nosso meio, não é definitivo, nem tem a última palavra. Quem dá as cartas da situação é aquele que é "poderoso para fazer infinitamente mais do que tudo quanto pedimos ou pensamos, conforme o seu poder que opera em nós" (Ef 3.20). O Espírito Santo é uma companhia fundamental em tempos de crise e desânimo. E ele age, muitas vezes, por meio de irmãos mais maduros e fortalecidos na fé. O espírito de coragem e a comunhão com pessoas que podem nos suportar em amor são ferramentas fundamentais para sairmos do quadro de desânimo crônico.

Se você está enfrentando uma tempestade de desânimo espiritual, saiba que uma grande quantidade de homens e mulheres mencionados na Bíblia muitas vezes passou por isso de forma aparentemente irreversível. Algumas situações eram tão desfavoráveis que aparentemente seria impossível que fossem transformadas. Mesmo assim, sempre apareceu alguém que, pelo poder do Espírito, trabalhou a fim de evitar que o desânimo vencesse. O resultado foi a virada da situação e a superação da tempestade. Realidades de completo cansaço e desesperança foram revertidas pelo poder de Deus e pela coragem de gente que estava tão cansada e sem ânimo como você pode estar neste momento.

O que aquelas pessoas fizeram? Elas clamaram ao Espírito Santo e, com a visão transformada por um lampejo de esperança, viram a possibilidade de mudar a situação em que se encontravam, mesmo que lentamente, passo a passo. Isso, aliás, é muito importante: uma centelha de ânimo pode ser a matéria-prima que o Senhor utilizará para reacender a fogueira na vida de quem é fustigado pelos ventos do desânimo. Se uma pequena fagulha parece algo quase inútil aos olhos humanos, para Deus uma faísca pode ser aquilo que ele utilizará para promover uma grande reviravolta no meio da tempestade.

Vamos analisar duas histórias da Bíblia sobre pessoas que estavam no limiar do desânimo, quase entregando os pontos, mas receberam ânimo espiritual da parte do Senhor e, com a ajuda de irmãos fortalecidos na fé, foram protagonistas de eventos grandiosos quando não pareciam ter mais nada a oferecer: Neemias e Timóteo.

## A superação de Neemias

Os israelitas que viviam no reino de Judá haviam enfrentado um golpe muito duro. Conquistados pela Babilônia após uma guerra sangrenta, foram submetidos a um doloroso processo de destruição de seu patrimônio físico. Os babilônios levaram cativa a maior parte da população do reino e deixaram as cidades em ruínas, a fim de que os prisioneiros não tivessem para onde voltar. Jerusalém, a capital, havia sido destruída, inclusive a muralha e o templo. Esse era o quadro de Judá na época de Neemias.

A referência de território para o povo de Judá eram os muros que protegiam Jerusalém. Já sua referência de identidade era o templo. Ambos, porém, estavam destruídos. Imagine o desânimo daquele povo. É nesse cenário que surge Neemias, o copeiro do rei Artaxerxes, da Pérsia, nação que conquistara a Babilônia. É ele mesmo quem relata sua saga.

> Orei ao Deus dos céus e disse ao rei: se é do agrado do rei, e se o teu servo acha mercê em tua presença, peço-te que me envies a Judá, à cidade dos sepulcros de meus pais, para que eu a reedifique. Então, o rei, estando a rainha assentada junto dele, me disse: Quanto durará a tua ausência? Quando voltarás? Aprouve ao rei enviar-me, e marquei certo prazo. E ainda disse ao rei: Se ao rei parece bem, deem-se-me cartas para os governadores dalém do Eufrates, para que me permitam passar e entrar em Judá, como também carta para Asafe, guarda das matas do rei, para que me dê madeira para as vigas das portas da cidadela do templo, para os muros da cidade e para a casa em que deverei alojar-me. E o rei mas deu, porque a boa mão do meu Deus era comigo.
>
> Neemias 2.4-8

Depois disso, Neemias seguiu para Judá e, após enfrentar muitas dificuldades e oposição, conseguiu finalizar a reedificação dos muros de Jerusalém. Pode parecer simples o que ele fez. Mas, se você pensar bem, perceberá que começar aquela empreitada de reconstrução, num cenário de completa destruição física e desânimo de alma, não foi nem um pouco fácil. Neemias precisou de muita coragem diante do caos. Mas foi exatamente o que aconteceu.

A partir daquele único homem, Deus deu início ao projeto de reconstrução de muito mais do que uma muralha e um templo, mas de todo um povo, de seu coração e ânimo. Não pense que isso foi uma tarefa simples.

## *Ânimo e desânimo no contexto espiritual*

Quando o Senhor encarregou Neemias de reconstruir os muros de Jerusalém, aquele simples copeiro não titubeou. Ele aceitou o encargo e, debaixo de oração, traçou um plano. Perceba que ele procurou coragem em si mesmo e agiu em nome de Deus. Aparentemente, Neemias era inabalável.

Entretanto, o povo estava tão desanimado, tão acostumado à desesperança, que não atendeu prontamente ao seu chamado. Neemias não desanimou, uma vez que seu projeto estava estabelecido sobre o alicerce do relacionamento com Deus, com base na oração e na fé. Nosso desânimo surge, muitas vezes, quando não encontramos apoio e guarida naqueles que estão à nossa volta, com quem vivemos e convivemos, com quem dividimos a vida. Muitas vezes, as coisas parecem claras diante de nossos olhos, Deus nos chama e nos desafia e, por esse motivo, achamos que todos estão no mesmo espírito que nós. Entretanto, é comum que as pessoas não só não se contagiem com nosso ânimo, como também tentem nos desanimar com frases de desconfiança ou desdém ou com sua falta de fé naquilo que apresentamos. E isso nos desanima.

A solução para esse problema é uma profunda vida de oração e intimidade com Deus, de forma que saibamos, mesmo diante de quadros desanimadores ou desfavoráveis, quem nos chamou para o que intentamos fazer. Como afirmou Paulo, por meio de uma pergunta retórica: "Se Deus é por nós, quem será contra nós?" (Rm 8.31). Embora claramente a resposta seja "ninguém", muita gente tenta se opor. Mas a tônica do questionamento de Paulo é o fato de que Deus está conosco e, se é assim, não importa quem fará oposição. E, isso, mesmo que os discordantes sejam pessoas próximas e amadas. As principais motivações para nosso ânimo devem ser a Palavra de Deus e a nossa relação de intimidade com o Senhor. Só assim o desânimo não terá sucesso sobre nós.

*As principais motivações para nosso ânimo devem ser a Palavra de Deus e a nossa relação de intimidade com o Senhor. Só assim o desânimo não terá sucesso sobre nós.*

Infelizmente, o desânimo é uma realidade mais comum do que o ânimo, sobretudo no contexto latino-americano, de pessoas muito emocionais e suscetíveis às más notícias e às críticas. Se, por um lado, a origem do desânimo é, em grande monta, a falta de apoio e adesão a um projeto ou iniciativa, o ânimo tem duas origens.

A primeira é um profundo senso de vocação, recebido do próprio Deus. Um senso de chamado que vem quando conhecemos Jesus e lhe entregamos o senhorio de nossa vida. Junto com o acesso à eternidade na glória de Deus, recebemos um chamado, uma função, uma atribuição no reino dos céus que começa a ser posta em prática, desde já, aqui na terra. Cada um de nós tem um espaço dentro do Corpo de Cristo que precisa ocupar para que ele funcione bem. Portanto, a origem principal de nosso vigor espiritual está em sermos chamados a participar do projeto de Deus desde agora.

Existe algo mais motivador do que estar junto com Jesus em seu projeto de redenção de todas as coisas, desde já, nesta vida? De podermos participar com ele da propagação das boas-novas do evangelho para toda criatura e da transformação deste mundo em um lugar melhor? Que privilégio! E Deus nos convida a isso.

Neemias foi chamado pelo próprio Deus para a reconstrução da estrutura e da identidade de um povo. Tudo parecia impossível e grandioso demais, não fosse o profundo discernimento de chamado que Neemias tinha no coração. Ele sabia quem o havia enviado e, por isso, manteve o ânimo. O resultado é que realizou uma grande obra.

A segunda fonte de ânimo é o ânimo alheio. Se convivemos com pessoas animadas e esperançosas, a tendência é que nos animemos também, pois o ânimo é contagiante. O mesmo ocorre com o desânimo: se convivemos com gente desanimada e que vive reclamando, a tendência é que também fiquemos desanimados.

Quem recebeu o chamado da parte de Deus para investir no grande projeto de reconstrução da muralha de Jerusalém foi Neemias. Por que, então, outras pessoas o seguiram na realização desse projeto? Porque acreditaram nele. Seu ânimo e sua obstinação eram tão evidentes que, mesmo em meio ao descrédito de muitos, as pessoas viram em Neemias uma fonte de ânimo que gerava a possibilidade de mudança daquela realidade tão triste e difícil. O ânimo de Neemias começou em Deus e foi tão evidente e legítimo que transbordou e animou outros.

É claro que devemos tomar cuidado com o que e com quem nos animamos. Por isso, é importante discernir com sabedoria qual é a fonte do ânimo que nos motiva. Se estamos alicerçados no Espírito, ele nos dará paz para seguirmos o que é a sua vontade.

O ânimo começa quando damos ouvidos a um Deus que nos chama a participar, com ele, de seu projeto na terra. E, também, quando pessoas animadas por esse Deus derramam uma porção dessa esperança sobre nós, fazendo-nos lembrar de que também somos chamados pelo Senhor para realizar grandes coisas.

### *O ânimo desperta inveja*

Esta, infelizmente, é uma realidade: o nosso ânimo desperta inveja, seja daqueles que não querem nos ver bem e preferem que fiquemos em estado de inércia, seja dos que querem permanecer desanimados, por desejo voluntário ou involuntário.

A iniciativa de Neemias encheu os seus compatriotas de vigor: “todo o muro se fechou até a metade de sua altura; porque o povo tinha ânimo para trabalhar” (Ne 4.6). Quando os muros de Jerusalém chegaram à metade, os povos que moravam no entorno da cidade começaram a perceber que o projeto de reconstrução daquela cidade e do povo era sério e dava sinais de que avançaria rumo ao sucesso. Aquelas pessoas não haviam se incomodado tanto quando a obra começou, mas, ao vê-la avançando, passaram a se organizar para atacar e, assim, desestruturá-la. Ao verem o movimento em volta, algumas pessoas do próprio povo começaram a desanimar. Eis os dois grupos: o que fará de tudo para que você continue em seu estágio de desânimo e o que, por estar desanimado, desejará que você permaneça desanimado com ele.

Muitas vezes temos mais pretensos amigos quando estamos mal do que quando estamos bem. É mais fácil chorar com os que choram do que se alegrar com os que se alegram. Nossa natureza pecaminosa parece nos impelir a, muitas vezes, preferirmos o desânimo do outro, só para que ele não tenha o sucesso que também não temos. Em vez de buscarmos nos animar pessoal e mutuamente, muitas vezes preferimos desanimar aquele que está virando o jogo. Fujamos de pessoas assim, mas, sobretudo, fujamos de ser tais pessoas.

## *O ânimo precisa de proteção*

Quando Neemias percebeu que estava despertando a inveja e a ira de quem vivia no entorno de Jerusalém, deu total atenção a isso. Ele montou uma escala rígida de guardas ao longo do dia, estabelecendo que parte dos homens deveria trabalhar armados e que todos deveriam permanecer ali durante a noite, protegendo a obra.

> E sucedeu que, ouvindo os nossos inimigos que já o sabíamos e que Deus tinha frustrado o desígnio deles, voltamos todos nós ao muro,

cada um à sua obra. Daquele dia em diante, metade dos meus moços trabalhava na obra, e a outra metade empunhava lanças, escudos, arcos e couraças; e os chefes estavam por detrás de toda a casa de Judá; os carregadores, que por si mesmos tomavam as cargas, cada um com uma das mãos fazia a obra e com a outra segurava a arma. Os edificadores, cada um trazia a sua espada à cinta, e assim edificavam; o que tocava a trombeta estava junto de mim. Disse eu aos nobres, aos magistrados e ao resto do povo: Grande e extensa é a obra, e nós estamos no muro mui separados, longe uns dos outros. No lugar em que ouvirdes o som da trombeta, para ali acorrei a ter conosco; o nosso Deus pelejará por nós. Assim trabalhávamos na obra; e metade empunhava as lanças desde o raiar do dia até ao sair das estrelas. Também nesse mesmo tempo disse eu ao povo: Cada um com o seu moço fique em Jerusalém, para que de noite nos sirvam de guarda e de dia trabalhem. Nem eu, nem meus irmãos, nem meus moços, nem os homens da guarda que me seguiam largávamos as nossas vestes; cada um se deitava com as armas à sua direita.

Neemias 4.15-23

Do mesmo modo que ocorreu com Neemias e o povo de Jerusalém, muitas vezes nosso ânimo e o daqueles que amamos precisam ser protegidos, pois manter o vigor em meio à tempestade é fundamental para uma vida boa e plena. Há três atitudes que precisamos empreender para que essa proteção seja eficiente: orar, ler a Bíblia e manter comunhão saudável com os irmãos.

## Oração

A oração é e sempre será a principal dinâmica de relacionamento com o Pai celestial. Neemias e o povo tinham um grande encargo logístico e físico diante de si, mas não abriram mão de manter a vida de oração em dia, conforme vemos melhor no livro de Esdras.

Na hora do sacrifício da tarde, levantei-me da minha humilhação, com as vestes e o manto já rasgados, me pus de joelhos, estendi as

> mãos para o SENHOR, meu Deus, e disse: Meu Deus! Estou confuso e envergonhado, para levantar a ti a face, meu Deus, porque as nossas iniquidades se multiplicaram sobre a nossa cabeça, e a nossa culpa cresceu até aos céus. Desde os dias de nossos pais até hoje, estamos em grande culpa e, por causa das nossas iniquidades, fomos entregues, nós, os nossos reis e os nossos sacerdotes, nas mãos dos reis de outras terras e sujeitos à espada, ao cativeiro, ao roubo e à ignomínia, como hoje se vê. Agora, por breve momento, se nos manifestou a graça da parte do SENHOR, nosso Deus, para nos deixar alguns que escapem e para dar-nos estabilidade no seu santo lugar; para nos alumiar os olhos, ó Deus nosso, e para nos dar um pouco de vida na nossa servidão [...]. Enquanto Esdras orava e fazia confissão, chorando prostrado diante da Casa de Deus, ajuntou-se a ele de Israel mui grande congregação de homens, de mulheres e de crianças; pois o povo chorava com grande choro.
>
> Esdras 9.5-8; 10.1

O exemplo de Esdras deixa claro que as atividades da vida cotidiana não devem substituir o fortalecimento da vida espiritual, até porque ambas se misturam sempre. É por meio da oração que exercitamos a nossa espiritualidade e fortalecemos nossa relação com Deus. Depois que Paulo nos desafia a vestir a armadura de Deus, ele completa com uma instrução: orar "em todo tempo no Espírito" (Ef 6.18). A oração é o amálgama de todas as dinâmicas da vida espiritual. Também é por meio da oração que clamamos ao Pai por ânimo e pedimos proteção para que nossa esperança não seja abalada.

Uma vida sem diálogo com o Senhor fará dele um desconhecido para nós. E como recorreremos a quem não conhecemos? É claro que, em sua misericórdia infinita, ele nos atende, mas o melhor é termos uma vida baseada nesse relacionamento, que se dá por meio da oração, para que nossa fé não seja abalada pelo desânimo do entorno.

## Leitura bíblica

Para um cristão, ressaltar a importância da leitura bíblica pode parecer óbvio, mas a realidade é que muitos de nós têm dificuldade de ler com regularidade as Escrituras. O que é um problema enorme, pois, se não conseguimos parar em pé caso não nos alimentemos, como conseguiremos manter o espírito vivificado sem o alimento que o fortalece?

A leitura bíblica é a fonte do nosso vigor para enfrentarmos as tempestades que nos assolam. Somente se lermos as Escrituras e guardarmos suas verdades na mente e no coração, o Espírito Santo poderá nos iluminar nos momentos de necessidade ou tormenta.

Enquanto o povo de Judá trabalhava na reconstrução dos muros, o templo já havia sido reconstruído. A cidade precisava do muro para defender-se, mas o povo precisava da Escritura para proteger-se. Por isso, o reencontro com a Palavra de Deus era prioritário. Uma vez que qualquer inimigo intentasse contra o ânimo daquela gente, a própria Palavra os revestiria e protegeria.

Assim, logo que terminaram a reconstrução do muro, uma das primeiras atitudes da liderança dos israelitas foi ler as Escrituras. Todo o povo se reuniu em uma praça de Jerusalém e o escriba Esdras levou o Livro da Lei de Moisés, que o Senhor tinha prescrito ao seu povo. Então, diante de toda a congregação, tanto de homens como de mulheres e de todos os que eram capazes de entender o que ouviam, Esdras leu no livro, desde a manhã até o meio-dia. Em seguida, pessoas selecionadas leram a Escritura, "dando explicações, de maneira que entendessem o que se lia" (Ne 8.8).

## Comunhão com os irmãos

Um dos grandes motivos de esfriamento da igreja contemporânea é uma nova modalidade de cristãos que não frequentam igrejas. A analogia da brasa fora do braseiro cabe com exatidão nessa realidade, porque nenhuma brasa mantém-se acesa se não estiver próxima das outras. É assim também na vida cristã, pois é na comunhão com pessoas que vivem as mesmas realidades que nós — e que encontram na vida com Deus, na oração e na leitura das Escrituras a saída para seus grandes dilemas — que nos mantemos vivos, ativos e animados para continuar a viver uma vida digna do evangelho de Jesus.

Se estamos cercados de gente cética, descrente e desanimada, é natural que, até mesmo sem percebermos, adquiramos esse comportamento. De igual modo, se nos cercarmos de pessoas positivas, crédulas e animadas com a vida, essa influência nos alcança e nos faz muito bem. Observe que a reconstrução dos muros de Jerusalém só foi possível porque todos abraçaram a mesma causa e, em comunhão, agiram juntos, no sentido de realizar aquilo que era do interesse individual e coletivo.

Não é à toa que a Bíblia insiste na importância de congregarmos. "Consideremo-nos também uns aos outros, para nos estimularmos ao amor e às boas obras. Não deixemos de congregar-nos, como é costume de alguns; antes, façamos admoestações e tanto mais quanto vedes que o Dia se aproxima" (Hb 10.24-25). Não é só uma exortação de fé e de prática da vida cristã, mas um conselho para que tenhamos ânimo mediante a convivência com pessoas que creem como cremos e que enxergam soluções com os óculos da espiritualidade.

É claro que todos conhecemos aqueles que reclamam de tudo, só enxergam a vida negativamente e não conseguem celebrar nem mesmo quando algo muito bom acontece. Meu conselho não é abandonar amigos pelo caminho, mas ter o entendimento de que cercar-se de gente assim nos faz adoecer. Portanto, cerque-se de quem confia nas mesmas coisas que você e que, na hora do desânimo, conseguirá lhe reapresentar o rumo mais excelente — aquele que a tempestade, muitas vezes, tira de seu caderno de possibilidades.

## A superação de Timóteo

Alguns anos atrás, construí uma pequena lareira num chalé que eu e minha família tínhamos numa cidadezinha distante da capital. Poucas vezes fiquei tão ansioso para que o inverno chegasse logo, a fim de que eu pudesse estrear a nossa lareira familiar. Quando chegou a estação mais fria, era hora de estrear aquela novidade.

A primeira dificuldade seria acendê-la. Nunca imaginei que seria tão difícil fazer uma fogueira pequena como aquela. Levei mais de três horas para que uma pequena fagulha brotasse e fizesse que a fogueira, enfim, fosse acesa. Valeu a pena. Por fim, lá estava ela, nossa lareira, acesa e aquecendo a família toda naquela noite fria de inverno. Fora dali só seria possível sentir-se bem com muitas blusas ou cobertores. Mas nós estávamos aquecidos, sem a necessidade de nada, por conta de nossa melhor amiga, a lareira. Dormimos todos muito aquecidos naquela noite de inverno.

Porém, no meio da madrugada, acordei tremendo de frio. Estiquei o corpo e senti algo muito gelado ao meu lado. Olhei com mais atenção e toquei novamente o que parecia ser uma grande pedra de gelo. Era Denise, minha esposa, dormindo toda encurvada e com o corpo gelado. Por que estávamos tão frios daquele jeito, uma vez que éramos os bem-aventurados donos de uma linda lareira? Foi quando percebi um pequeno, mas grave, problema: a lareira estava apagada.

Uma lição instantânea me veio à mente e invadiu meu coração: não adianta apenas acender a chama; é fundamental que a mantenhamos acesa. Se acender já não é fácil, mantê-la acesa é ainda mais difícil, mas igualmente necessário. Esse é exatamente o conselho que Paulo dá a Timóteo em sua segunda carta.

> Por esta razão, pois, te admoesto que reavives o dom de Deus que há em ti pela imposição das minhas mãos. Porque Deus não nos tem dado espírito de covardia, mas de poder, de amor e de moderação. Não te envergonhes, portanto, do testemunho de nosso

Senhor, nem do seu encarcerado, que sou eu; pelo contrário, participa comigo dos sofrimentos, a favor do evangelho, segundo o poder de Deus, que nos salvou e nos chamou com santa vocação; não segundo as nossas obras, mas conforme a sua própria determinação e graça que nos foi dada em Cristo Jesus, antes dos tempos eternos, e manifestada, agora, pelo aparecimento de nosso Salvador Jesus Cristo, o qual não só destruiu a morte, como trouxe à luz a vida e a imortalidade, mediante o evangelho, para o qual eu fui designado pregador, apóstolo e mestre.

2Timóteo 1.6-11

Paulo aconselha Timóteo a reavivar o dom de Deus que havia nele, isto é, que colocasse lenha em sua fogueira espiritual, para que ela não se apagasse. A igreja primitiva vivia um momento especial, pois o evangelho avançava rapidamente.

Paulo tinha muitas funções ministeriais, uma das quais era reconhecer o chamado de determinadas pessoas e separá-las para o ministério. Timóteo era uma delas.

Embora Timóteo fosse um jovem atuante na obra, o conselho de Paulo pode sugerir que o dom precisava ser reavivado porque estava morto. Repare que Paulo também lhe disse que não se envergonhasse do evangelho. Creio que Timóteo tinha deixado a chama se apagar e Paulo estava preocupado. Reavivar, nessa passagem, significa manter a chama acesa.

*A lição extraída é que não existe super-homem espiritual. As tempestades da vida levam muitos bons cristãos ao desânimo, seja com a família, seja com o emprego, seja com a igreja. Para reacender a chama, é preciso lembrar-se do dia em que Deus nos concedeu o dom e reavivá-lo.*

A lição extraída é que não existe super-homem espiritual. As tempestades da vida levam muitos bons cristãos ao desânimo, seja com a família, seja com o emprego, seja com a igreja. Para reacender a chama, é preciso lembrar-se do dia em que Deus nos concedeu o dom e reavivá-lo, usando-o para fazer a obra para a qual fomos designados.

Portanto, percebemos que é natural vivermos momentos de desânimo causados por ventos e trovoadas, em razão de nossa natureza humana e falha. O problema é permanecer no desânimo, pois isso é uma opção. Temos muitas ferramentas das quais podemos lançar mão para que consigamos sair do desânimo; logo, só continuaremos abatidos por escolha pessoal. É importante aprendermos com as histórias e os personagens bíblicos os caminhos que temos para trilhar, deixando o desânimo para trás. Desanimar-se é normal; manter-se desanimado, não.

E, se você não encontrar razões para reavivar o ânimo, lembre-se da promessa maior da Bíblia com relação ao problema.

> Por isso, *não desanimamos*; pelo contrário, mesmo que o nosso homem exterior se corrompa, contudo, o nosso homem interior se renova de dia em dia. Porque a nossa leve e momentânea tribulação produz para nós eterno peso de glória, acima de toda comparação, não atentando nós nas coisas que se veem, mas nas que se não veem; porque as que se veem são temporais, e as que se não veem são eternas.
>
> 2Coríntios 4.16-18

# 4

## O naufrágio pode ser evitado

# Esperança na adversidade

> Porque, na esperança, fomos salvos. Ora, esperança que se vê não é esperança; pois o que alguém vê, como o espera? Mas, se esperamos o que não vemos, com paciência o aguardamos.
>
> Romanos 8.24-25

Uma das perguntas mais intrigantes da humanidade é: "Por que coisas ruins acontecem a pessoas boas?". A falta de resposta a esse questionamento tem levado muitas pessoas a esfriar na fé, se afastar de Deus e duvidar de seu amor. Quando alguém está imerso num mar de pecados sem arrependimento, é fácil entender por que a tempestade vem, mas, quando o cristão está firme com Jesus, é difícil aceitar as tribulações, pois a ideia de juízo sem transgressão contraria nosso senso humano de justiça.

Ganhou espaço em nossos dias uma teologia muito errada que alega que a dor e o sofrimento procedem exclusivamente de ataques do Diabo e que, se você está sofrendo, isso é resultado de uma ação direta das forças espirituais da maldade, a despeito da proteção divina. Esse pensamento equivocado faz que muita gente se sinta desamparada ou entre em crise quando passa por alguma dificuldade. E isso é, no mínimo, desconsiderar a soberania de Deus e a possibilidade de que ele mesmo nos tenha levado a passar por circunstâncias adversas a fim de que o caráter de Jesus seja moldado em nós.

Claro que não é nada agradável admitir isso, mas não conheço escola que nos faça crescer mais do que a do sofrimento e a da dificuldade. Como já vimos, existe a dor que nos é imposta pelo próprio Deus, a fim de nos depurar como o ouro no fogo. Se compreendemos esse fato, nos preparamos para o cumprimento de seus propósitos em nós. Pois, apesar da dificuldade, é uma atitude revestida de amor.

Nós estamos num processo de aperfeiçoamento. Deus quer nos aperfeiçoar até que cheguemos à estatura de varão perfeito. O desejo do desenvolvimento junto com o amor do Senhor faz que o sofrimento permitido por Deus para nosso crescimento espiritual venha, também, acompanhado de muitas palavras de ânimo e de perseverança, vindas do próprio Pai, por meio de pessoas que já passaram pelos estágios que agora nós passamos.

*O desejo do desenvolvimento junto com o amor do Senhor faz que o sofrimento permitido por Deus para nosso crescimento espiritual venha, também, acompanhado de muitas palavras de ânimo e de perseverança, vindas do próprio Pai.*

Criou-se na igreja contemporânea um comportamento triunfalista que rejeita o sofrimento. Porém, rejeitá-lo não faz que ele passe; ele continuará ali, quer você aceite, quer não. Além disso, esse pensamento tem gerado um grande número de cristãos adoecidos, deprimidos ou imaturos, que batem com o pé feito crianças negando a realidade do sofrimento, em vez de tentar resolvê-lo ou aprender com ele, até que passe. Isso é uma pena.

Sofrer tornou-se vergonhoso no seio das comunidades que atribuem a dor estritamente à ação do Inimigo e acabam por constranger aquele que passa por dificuldade, condenando-o ou envergonhando-o — o que faz, muitas vezes, que a pessoa esconda o que está sentindo e o problema pelo qual está passando. O resultado é que estamos cercados por gente que sorri e declara vitória, mas que vive uma realidade completamente contrária em sua solidão. Assim, perde-se duas vezes. Primeiro, porque, se não assumirmos a verdade com sinceridade e realidade, não encontraremos o caminho que nos levará à saída. Segundo, porque, se não reconhecermos que o sofrimento pode ser atribuído à ação do próprio Deus, não conseguiremos discernir o propósito que ele tem para a tempestade que estamos atravessando. Além disso, esconder os sofrimentos e carregá-los sozinhos é como abrigar uma bomba atômica dentro de si: um dia, ela acaba explodindo.

É muito comum que, ao passarmos por tempestades — que nos pressionam, oprimem e abatem nossa alma — perguntemos onde está Deus. Se andamos de maneira reta e obediente, não compreendemos a razão das circunstâncias ruins; por isso, é necessário ter resiliência e confiança naquele que, para muito além de nossas compreensões mais profundas, sempre sabe o que está fazendo e possui propósitos muito, muito maiores do que imaginamos. Em outras palavras, devemos manter acesa a chama da esperança.

A resiliência nos faz continuar, mesmo quando tudo parecer contrário ao que acreditamos e devemos fazer, mesmo quando obedecer a Deus parece custar um preço alto demais. Já a confiança inabalável no Senhor nos fará crer que, apesar das circunstâncias, nunca estamos sozinhos, porque, ainda que andemos pelo vale da sombra da morte, sabemos que ele está conosco.

Dois personagens da Bíblia nos mostram com clareza especial como ter *resiliência* e *confiança* em Deus é fundamental para não perdermos a *esperança* em meio à tempestade. Em momentos assim, o Senhor nos conduz, visando ao nosso crescimento e fortalecimento da fé. São eles Paulo e Daniel.

## A resiliência de Paulo

O apóstolo Paulo enfrentou muitas tempestades, foi fustigado por ventos fortíssimos e viu o barco de sua vida balançar tanto que, por vezes, tudo parecia perdido. Ele sofreu tribulações em níveis tão altos que superaram suas forças naturais e seria difícil imaginar que ele conseguisse manter a esperança em meio a tantas condições desfavoráveis. Mesmo sendo um homem de grande força e resistência, mais de uma vez Paulo chegou a acreditar que não resistiria. Mas algo fazia que ele conseguisse superar as dificuldades e vencer: sua resiliência, isto é, a capacidade de se recobrar facilmente ou se adaptar à má sorte ou às mudanças.

O mais interessante é que Paulo não guardava suas fraquezas para si. Se sua intenção fosse posar de "super-homem", uma pessoa indestrutível, seguramente ele esconderia as fragilidades. Mas não. Paulo não só descreveu as intempéries de sua alma, como assumiu sua total e completa impotência diante das tormentas que se apresentavam diante dele. Em tudo, sempre o apóstolo atribuiu sua resiliência ao poder de Deus.

Considero que o texto mais significativo de todos os que Paulo escreveu e que nos remetem à importância de ser resiliente para manter a esperança está na segunda carta dirigida aos coríntios.

> Temos, porém, este tesouro em vasos de barro, para que a excelência do poder seja de Deus e não de nós. Em tudo somos atribulados, porém não angustiados; perplexos, porém não desanimados; perseguidos, porém não desamparados; abatidos, porém não destruídos; levando sempre no corpo o morrer de Jesus, para que também a sua vida se manifeste em nosso corpo. Porque nós, que vivemos, somos sempre entregues à morte por causa de Jesus, para que também a vida de Jesus se manifeste em nossa carne mortal.
>
> 2Coríntios 4.7-11

O apóstolo Paulo assumiu publicamente que era atribulado e perseguido e que ficava perplexo e abatido diante das tribulações.

Incrível! Ainda mais por saber que ele foi um homem comum, que sofreu problemas assim como eu e você, que sentiu os mesmos pesos e as mesmas pressões, que viveu inadequações análogas a qualquer outro. Ele sofreu tudo o que nós sofremos e assumiu isso.

É fundamental frisar que Paulo não estava passando por todas aquelas tempestades em consequência de decisões ruins ou de erros e pecados que houvesse cometido. Paulo era um homem de Deus, irrepreensível em sua conduta e no modo como empreendia sua missão. Todo aquele sofrimento fazia parte do propósito divino, era o próprio Deus permitindo que ele passasse por muitas tormentas para moldar cada vez mais seu caráter e torná-lo ainda mais forte e parecido com o Mestre, Jesus. Porque, somente assim, o apóstolo seria aprovado em sua missão e alcançaria cada vez mais pessoas.

Paulo descreveu aos coríntios cada uma das contingências pelas quais passou, mas, em seguida, realçou sua forma de reagir a cada uma delas.

### *Somos atribulados, porém não angustiados*

A tribulação tem sua origem fora de nós, na maioria das vezes. Não somos culpados, nem temos controle sobre ela. Mas o ânimo está dentro de nós, e isso cabe a nós controlar e dirigir. Podemos enfrentar todo tipo de tribulação, até mesmo aquela travestida de preocupação, como foi a dos amigos de Jó.

Entretanto, permitir que a angústia com o que vem de fora nos domine é uma opção posta diante de nós. Ouvi certa vez algo que, acredito, traduz com precisão a essência dessa questão: "Não importa o que a vida faz conosco tanto quanto aquilo que fazemos com o que a vida faz conosco". A tribulação virá à nossa revelia. Já a angústia depende de como reagimos a ela.

### *Perplexos, porém não desanimados*

Muitas vezes, a forma como o mundo pensa e, sobretudo, age, nos deixa boquiabertos, com tanto absurdo, maldade e falta de

Deus. Outras vezes, mesmo dentro de nossa comunidade, pessoas próximas dizem e fazem absurdos em nome de Deus, o que nos deixa espantados. Ou, ainda, as circunstâncias mais banais da vida nos surpreendem com uma maré contrária que parecia impossível de acontecer.

Desemprego, doença e todo tipo de má notícia podem nos alcançar sem que tenhamos o mínimo controle. Isso tudo pode nos deixar perplexos, mas, se nossa esperança está alicerçada em Deus, que é rocha firme e constante, não ficaremos desanimados. Podemos ficar tristes, assustados e até mesmo cansados, mas continuaremos com ânimo, pois nossa esperança repousa no Deus dos deuses e Senhor dos senhores.

## *Perseguidos, porém não desamparados*

É natural que o mundo não entenda a nossa forma de pensar e viver. Por isso, algumas de nossas posturas são ridicularizadas e desconsideradas. Não espere nada diferente disso. No ambiente de trabalho, na vizinhança, no colégio, na faculdade e até mesmo na família, é comum não sermos compreendidos por não agirmos como as demais pessoas. A consequência, muitas vezes, é acabarmos enfrentando a tempestade do desamparo e da solidão. Se esse é o caso, saiba que você nunca está sozinho. Fazer o que Deus quer que façamos significa aproximar-se dele cada vez mais. As companhias neste mundo podem até ser muito boas, mas nada se compara a estar próximo de Deus e ser íntimo dele.

Não se engane, pode acreditar que, quando alguma coisa der muito errado na vida daquele que o ridicularizou e o deixou só, quem ele vai procurar em busca de socorro é justamente você. Isso já aconteceu comigo muitas vezes! Na hora do aperto, aquele que é mais centrado e correto é quem as pessoas procuram para desabafar e pedir ajuda.

Ser perseguido por amor a Jesus é um privilégio. Ele mesmo afirmou essa realidade: “Bem-aventurados sois quando, por minha causa, vos injuriarem, e vos perseguirem, e, mentindo, disserem todo mal contra vós. Regozijai-vos e exultai, porque é grande o vosso galardão nos céus; pois assim perseguiram aos profetas que viveram antes de vós" (Mt 5.11-12). Mesmo assim, é importante que você tenha consciência de que nunca estará sozinho. Aquele que é fiel nos prometeu que estaria conosco todos os dias, até a consumação do século.

Este mundo pode persegui-lo, mas você nunca será desamparado por Deus.

## *Abatidos, porém não destruídos*

Não existe "super-homem" espiritual, como mencionei anteriormente. Somos todos humanos, sujeitos a variações de humor. Todos. Até mesmo Jesus ficou abatido na noite em que foi preso para ser morto. E como não ficaria? O abatimento é uma realidade que sobrevém em momentos tempestuosos da vida de todos nós. Não há pessoa que já não tenha sofrido ou que ainda não venha a sofrer disso.

O ruim é quando perpetuamos o abatimento, tornando-o uma realidade cotidiana. Isso é destruir-se. É permitir que o abatimento se torne a última palavra. É abrir mão de um horizonte ensolarado. Por isso, Paulo foi muito sincero em reconhecer que o abatimento era uma realidade que o tomara de assalto não só uma vez, mas que, ainda assim, nunca teria a última palavra sobre ele e sua missão.

Portanto, o apóstolo escreveu: "Combati o bom combate, completei a carreira, guardei a fé" (2Tm 4.7). A despeito de um sem-número de circunstâncias ruins que lhe foram impostas, Paulo, mesmo cansado e abatido, não desistiu de completar sua jornada e ser aprovado por Deus. Ser aprovado não significa nunca estar abatido, mas, sim, não deixar que o abatimento tenha a última palavra sobre nós, sobre nossa vida e nossa missão.

* * *

Qual era o segredo de Paulo? Como é possível que um homem normal como qualquer um de nós tivesse tanta força para resistir às muitas tempestades que lhe sobrevieram? De onde vinha toda essa resiliência? A resposta está no que ele diz nos últimos dois versículos do trecho que acabamos de examinar: "... levando sempre no corpo o morrer de Jesus, para que também a sua vida se manifeste em nosso corpo. Porque nós, que vivemos, somos sempre entregues à morte por causa de Jesus, para que também a vida de Jesus se manifeste em nossa carne mortal" (2Co 4.10-11).

Por mais próximo que se sentisse de Deus, Paulo não atribuía a si mesmo qualquer mérito ou reserva de força para conseguir suportar o que lhe acontecia. Era sempre em Deus que ele confiava. O Deus que tem poder sobre a morte seria não só a fonte de socorro nas tempestades, como também a raiz de toda a coragem de que ele precisaria para passar pelas tormentas.

Quanto mais Deus o livrava, mais Paulo confiava. Sua fé, portanto, era fortalecida em meio às tribulações, muito mais do que em momentos de tranquilidade e bonança. Não que Paulo ou qualquer um de nós queiramos viver de tribulação em tribulação. Todos precisamos da bonança para que nossa alma respire e se revigore, mas o fato de não encarar as tempestades como algo ruim e sem propósito fazia de Paulo um bom aluno e um homem cada vez mais confiante no poder do Deus que já o havia livrado de tantos momentos difíceis — e, se assim fosse sua vontade, o livraria novamente. A resiliência de Paulo nascia, crescia e se fortalecia na confiança que as tempestades o ajudavam a desenvolver.

*Quanto mais Deus o livrava, mais Paulo confiava. Sua fé, portanto, era fortalecida em meio às tribulações, muito mais do que em momentos de tranquilidade e bonança.*

Qual é a grande diferença, então, entre nós e Paulo? A grande diferença é que nós só aprendemos a amar o lado bom da vida.

Nossa tendência é ficarmos abalados tão logo a dificuldade nos acomete. Antes mesmo de dar a nós mesmos a chance de aprender ou de abrir a porta para Deus nos mostrar sua presença em meio à tribulação, já começamos a duvidar do seu poder e da nossa fé. Procuramos culpados, abrimos a gaveta das lamúrias, mas não consideramos a possibilidade de que aquele momento talvez seja resultado da permissão de Deus para aprendermos mais sobre nós mesmos e sobre ele, seu poder e sua presença.

Para suportar uma dor crônica que tenho na coluna lombar, preciso fazer alongamentos periódicos. Quando terminei de montar os tatames no chão de casa, chamei meu filho Rininha para se alongar comigo. Assim que ele se deitou, estiquei sua perna lentamente, ao que ele deu um leve grito. Perguntei: "O que foi, meu filho?" Ele respondeu: "Pai, esse negócio de alongar dói. Eu prefiro uma massagem". Entre a risada e a bronca, pensei exatamente no fato de como somos frágeis em nossa fé, como reclamamos ao menor sinal de dor, como preferimos as massagens e os relaxamentos em vez dos alongamentos tão necessários — apesar de dolorosos.

Outra passagem da vida de Paulo, registrada em Atos dos Apóstolos, ratifica a lição de resiliência que ele tem a nos transmitir. Ele estava preso e, por ser cidadão romano, precisava ser levado perante César, em Roma. Junto com outros presos, Paulo começou uma viagem por mar que duraria muitos dias além do previsto. A pequena embarcação em que estavam seguiu até Alexandria, onde eles tomaram um navio maior, mais apropriado para uma viagem por um dos mares mais perigosos da região, o Adriático. Todo o planejamento estava bem feito pelo capitão e sua equipe, para que chegassem a Roma antes do inverno, pois nessa estação o mar é assolado por furiosas tempestades. Mas eles não contavam com o que teriam de enfrentar: uma série de ventos contrários, que atrasariam a viagem em muitos dias, fazendo que, em pleno inverno, ainda estivessem no mar. O resultado foi o naufrágio.

Procurando os marinheiros fugir do navio, e, tendo arriado o bote no mar, a pretexto de que estavam para largar âncoras da proa, disse Paulo ao centurião e aos soldados: Se estes não permanecerem a bordo, vós não podereis salvar-vos. Então, os soldados cortaram os cabos do bote e o deixaram afastar-se. Enquanto amanhecia, Paulo rogava a todos que se alimentassem, dizendo: Hoje, é o décimo quarto dia em que, esperando, estais sem comer, nada tendo provado. Eu vos rogo que comais alguma coisa; porque disto depende a vossa segurança; pois nenhum de vós perderá nem mesmo um fio de cabelo. Tendo dito isto, tomando um pão, deu graças a Deus na presença de todos e, depois de o partir, começou a comer. Todos cobraram ânimo e se puseram também a comer. Estávamos no navio duzentas e setenta e seis pessoas ao todo.

Refeitos com a comida, aliviaram o navio, lançando o trigo ao mar.

Quando amanheceu, não reconheceram a terra, mas avistaram uma enseada, onde havia praia; então, consultaram entre si se não podiam encalhar ali o navio. Levantando as âncoras, deixaram-no ir ao mar, largando também as amarras do leme; e, alçando a vela de proa ao vento, dirigiram-se para a praia. Dando, porém, num lugar onde duas correntes se encontravam, encalharam ali o navio; a proa encravou-se e ficou imóvel, mas a popa se abria pela violência do mar. O parecer dos soldados era que matassem os presos, para que nenhum deles, nadando, fugisse; mas o centurião, querendo salvar a Paulo, impediu-os de o fazer; e ordenou que os que soubessem nadar fossem os primeiros a lançar-se ao mar e alcançar a terra.

Quanto aos demais, que se salvassem, uns, em tábuas, e outros, em destroços do navio. E foi assim que todos se salvaram em terra.

Atos dos Apóstolos 27.30-44

Esse episódio nos mostra algumas lições sobre como devemos proceder no meio da tempestade, pois, mesmo que o naufrágio pareça inevitável, é possível manter as esperanças diante das tribulações.

### *Planeje, mas conte com imprevistos*

Nós podemos e devemos nos planejar, mas o fato é que as intempéries não respeitam nosso planejamento. Muitas vezes fazemos planos aparentemente perfeitos, mas, por algum motivo, somos frustrados na hora da execução. Qual de nós consegue cercar-se de todos os cuidados de forma que nenhuma surpresa faça naufragar nossos intentos?

No caso do navio onde Paulo estava, não faltou planejamento, cuidado, habilidade nem estratégia para que a viagem fosse bem-sucedida. Provavelmente, o comandante já tinha feito aquele trajeto mais de uma vez. O que aconteceu, então? Fatos que fugiram completamente do controle de todos naquele navio. Não existe planejamento perfeito, que cubra todas as possibilidades e nos assegure o sucesso pleno daquilo que intentamos. Por essa razão, não devemos nos desesperar, nem nos frustrar a ponto de desistir daquilo que temos como alvo.

Como cristãos maduros, devemos estar abertos à possibilidade do fracasso, sem deixar de confiar naquele que dirige nossa vida. Daí a necessidade de sempre fazermos os nossos planos em consonância com a vontade de Deus.

### *Mantenha o foco em meio à tempestade*

É importante perceber que, mesmo diante do possível fracasso, Paulo não deixou de confiar. Ele sabia que Deus tinha um propósito para sua ida a Roma. A despeito de todas as evidências, o apóstolo estava seguro de que precisava chegar à capital do império e que isso, mais do que um plano seu, era a vontade de Deus.

Assim, nem todo vento contrário, nem atraso da viagem, tampouco o naufrágio iminente e muito menos o risco claro de morte, nada tirou de Paulo o seu foco, que era chegar a Roma, conforme o anjo lhe havia revelado.

Em meio a uma das maiores dificuldades de sua vida, quando tudo parecia contrário, Paulo teve fé e discernimento espiritual para reconhecer a presença do anjo, que lhe trouxe a notícia responsável por manter seus olhos fitos no alvo. Mesmo em meio ao desespero alheio, Paulo permaneceu concentrado na vontade daquele que o chamou.

### *Proporcione estabilidade e equilíbrio*

Paulo foi quem proporcionou estabilidade àquele momento de caos. Ele não guardou para si a notícia que o anjo lhe trouxera; pelo contrário, comunicou a todos o que Deus havia dito por meio de seu mensageiro. A ênfase do discurso do apóstolo de Jesus é que todos precisavam ter ânimo, pela fé no que prometera o Deus a quem ele servia.

Num momento de caos e confusão, somos chamados pelo Senhor a ser agentes da estabilidade. Uma das razões pelas quais devemos exercitar sempre a nossa fé e aprender a confiar no Deus a quem servimos é para que sejamos nós os agentes do equilíbrio em momentos em que o caos parece se impor de forma irreversível.

Assim deve ser no ambiente profissional, em que as pessoas estão se matando para conseguir seus objetivos a qualquer preço, deixando um sem-número de desesperados para trás. Assim deve ser na família, em que desaprendemos a nos relacionar. Assim deve ser na vizinhança, em que mal conhecemos os vizinhos de porta, mas temos de conviver cotidianamente num espaço comum.

O caos pode ser inevitável, mas podemos escolher qual postura adotaremos diante dele, sabendo que essa escolha influenciará não só a nossa realidade, como também a de todos os que estiverem ao redor.

### *Confie nas promessas de Deus e zele por elas*

Paulo manteve-se guardião da promessa profética de Deus, apesar de toda a tempestade. A confiança que ele tinha no Senhor influenciou muitos, mas não todos. Alguns não confiaram na palavra de Paulo e tentaram salvar-se, a despeito dos demais.

Paulo, resoluto na fé, agiu para que a palavra de Deus não fosse ofendida e sua promessa, desconsiderada e, assim, todos acabassem em alguma situação de risco por conta de uns poucos. Nós, que conhecemos a palavra de Deus, devemos levá-la a sério até as últimas consequências. As pessoas têm a opção de confiar nas promessas de Deus ou não, mas nós devemos zelar por ela ao custo de nossa vida, se preciso for. Interessante que, quando desobedecemos a Deus, não somos só nós que sofremos. Gente que amamos muitas vezes também sofre as consequências de nossas decisões erradas. Paulo, em nome de sua fé, tornou-se um guardião da promessa de Deus e a defendeu não só por si próprio, mas pelo bem de todos.

*Paulo, em nome de sua fé, tornou-se um guardião da promessa de Deus e a defendeu não só por si próprio, mas pelo bem de todos.*

Muitas vezes a família está à beira de um esfacelamento, a empresa parece não ter mais solução, a relação com os filhos está quebrada... alguma tempestade chegou com força total! É justamente nessas horas, em que o barco parece não suportar a força dos ventos e das ondas, que temos de ser guardiões da esperança da promessa de Deus para nossa vida. E não devemos deixar que nossa falta de fé ou a incredulidade de alguém vença a palavra que o próprio Deus nos revelou.

## *Aja de acordo com o que crê*

Apesar do naufrágio, que parecia contrariar totalmente o que Paulo dizia, a palavra de Deus se cumpriu. Tudo a que aqueles homens podiam agarrar-se era uma promessa vinda da boca de um desconhecido. Antes de o barco atracar no banco de areia, Paulo reuniu os presentes, partiu o pão e todos comeram e se reanimaram. Naquele momento ficou nítido que pelo menos a maioria confiava em Paulo e no que ele havia dito.

Nossa postura, mais do que nossas palavras, fará que as pessoas confiem naquilo que dizemos. A postura de Paulo foi definitiva para que as pessoas tivessem um lampejo de paz e confiança — que as levou ao bom desfecho, apesar das circunstâncias.

A postura de Paulo deu credibilidade à palavra de Deus, proferida por sua boca. E a palavra de Deus, por sua vez, deu legitimidade a Paulo, como testemunha da vontade divina. Palavras e atitudes andam juntas. Se confiamos naquilo que Deus nos diz, nossa postura deve acompanhar a nossa fé. E se nossa fé se mostra madura e firme, as pessoas à nossa volta tendem a crer naquilo que dizemos e somos, sobretudo em momentos de crise, nos quais elas têm pouco em que se agarrar.

A fé que Paulo demonstrou ter foi o esteio para aquelas pessoas apavoradas. E o esteio para tal fé foi sua resiliência, que o fazia capaz de confiar na palavra de Deus, que sempre se cumpre. O contexto imediato pode apontar, com certa violência, para outra direção. Entretanto, lembre-se: Deus sempre tem a palavra final. Sua palavra sempre se cumpre, porque ele mesmo zela por ela.

## A confiança de Daniel

O primeiro pensamento que me vem à mente quando me lembro da história de Daniel é a pergunta que fizemos no início deste capítulo: "Por que coisas ruins acontecem a pessoas boas?". O profeta vivia um momento de excelência, em que era reconhecido por todos como um homem honrado, íntegro e honesto. Isso levou pessoas invejosas a tentar atingir o servo fiel, mediante a elaboração de um plano maquiavélico. O objetivo era tirar o servo de Deus do caminho.

> Disseram, pois, estes homens: Nunca acharemos ocasião alguma para acusar a este Daniel, se não a procurarmos contra ele na lei do seu Deus.

> Então, estes presidentes e sátrapas foram juntos ao rei e lhe disseram: Ó rei Dario, vive eternamente! Todos os presidentes do reino, os prefeitos e sátrapas, conselheiros e governadores concordaram em que o rei estabeleça um decreto e faça firme o interdito que todo homem que, por espaço de trinta dias, fizer petição a qualquer deus ou a qualquer homem e não a ti, ó rei, seja lançado na cova dos leões. Agora, pois, ó rei, sanciona o interdito e assina a escritura, para que não seja mudada, segundo a lei dos medos e dos persas, que se não pode revogar.
>
> Por esta causa, o rei Dario assinou a escritura e o interdito.
>
> Daniel 6.5-9

Ao tomar conhecimento do decreto maldoso, Daniel simplesmente o ignorou e decidiu agir conforme sua fidelidade a Deus. O resultado é que teve de ser lançado aos leões, em cumprimento ao que a lei determinava.

> Daniel, pois, quando soube que a escritura estava assinada, entrou em sua casa e, em cima, no seu quarto, onde havia janelas abertas do lado de Jerusalém, três vezes por dia, se punha de joelhos, e orava, e dava graças, diante do seu Deus, como costumava fazer. Então, aqueles homens foram juntos, e, tendo achado a Daniel a orar e a suplicar, diante do seu Deus, se apresentaram ao rei, e, a respeito do interdito real, lhe disseram: Não assinaste um interdito que, por espaço de trinta dias, todo homem que fizesse petição a qualquer deus ou a qualquer homem e não a ti, ó rei, fosse lançado na cova dos leões? Respondeu o rei e disse: Esta palavra é certa, segundo a lei dos medos e dos persas, que se não pode revogar.
>
> Então, responderam e disseram ao rei: Esse Daniel, que é dos exilados de Judá, não faz caso de ti, ó rei, nem do interdito que assinaste; antes, três vezes por dia, faz a sua oração.
>
> Tendo o rei ouvido estas coisas, ficou muito penalizado e determinou consigo mesmo livrar a Daniel; e, até ao pôr do sol, se empenhou por salvá-lo. Então, aqueles homens foram juntos ao rei e lhe disseram: Sabe, ó rei, que é lei dos medos e dos persas que nenhum

> interdito ou decreto que o rei sancione se pode mudar. Então, o rei ordenou que trouxessem a Daniel e o lançassem na cova dos leões. Disse o rei a Daniel: O teu Deus, a quem tu continuamente serves, que ele te livre. Foi trazida uma pedra e posta sobre a boca da cova; selou-a o rei com o seu próprio anel e com o dos seus grandes, para que nada se mudasse a respeito de Daniel.
>
> Daniel 6.10-17

Imagine-se no lugar de Daniel. Quais seriam seus questionamentos mais naturais? Possivelmente, algo como "Por que eu estou na cova dos leões? Afinal, que erro eu cometi?". Daniel estava numa posição de honra, tinha subordinados e contato direto com o rei, como fruto de seu caráter e integridade. O profeta era alguém que estava "dando certo" na vida. Por que, então, passar por aquela tribulação?

A coisa não mudou em nossos dias. Ser bem-sucedido é mais do que suficiente para granjear inimigos — humanos e espirituais — que tentarão derrubá-lo de alguma forma, das mais simples às mais absurdas. Foi o que aconteceu com Daniel.

*Ser bem-sucedido é mais do que suficiente para granjear inimigos — humanos e espirituais — que tentarão derrubá-lo de alguma forma, das mais simples às mais absurdas.*

Ele tinha reconhecimento devido ao seu caráter. Tudo o que ele se empenhava em fazer dava certo. Mas isso não foi suficiente para que o rei fechasse os ouvidos aos inimigos, que agiram para semear discórdia entre o soberano e Daniel. Eles conseguiram, em princípio, tirar do profeta aquilo que ele tinha de principal e a única coisa na qual ele poderia ser pego. Cercaram o rei, cheios de estratégias malignas, mexendo com o ego do soberano. Os maquiavélicos inimigos conseguiram que a adoração de Daniel a Deus fosse passível de condenação à morte e, assim, alcançaram seu intento, pois sabiam que o israelita não abriria mão de sua fé.

Dito e feito: Daniel continuou fiel a Deus. E, quando aqueles homens viram Daniel adorando a Deus, de janelas abertas, como costumava fazer, não titubearam em entregá-lo ao rei. O resultado é que o profeta acabou na cova dos leões. Daniel confiou em Deus e nunca cedeu um milímetro nessa confiança. Essa história nos mostra pelo menos duas coisas:

### *Nossa consciência deve estar em paz com o Espírito Santo*

A questão maior do que a condenação e, até mesmo, a possibilidade de morte, era a consciência de Daniel. Ele não abria mão de estar com as vestes limpas diante de Deus. O profeta sabia que poderia até morrer, mas confiava que morreria em nome de algo maior do que ele mesmo: sua fidelidade ao Senhor.

Podemos enganar os outros, até os mais próximos, mas não podemos enganar a nós mesmos e, muito menos, ao Espírito Santo. Sabemos quando estamos limpos diante de Deus e, também, quando estamos em dívida com ele. E não há peso maior do que uma consciência que se sabe longe de Deus e, pior, contra ele; assim como não há bem maior do que um coração quebrantado e uma consciência livre do mal e tranquila quanto à sua pureza.

Daniel confiava em Deus a ponto de entrar na cova dos leões em paz. Ele sabia que, mesmo diante da morte iminente, partiria para a glória com sua consciência tranquila.

### *A última palavra é sempre de Deus*

Ao final desse episódio extraordinário da vida de Daniel, o próprio rei vai até a cova e chama por ele, perguntando se, por acaso, o Deus a quem ele servia não o havia livrado da morte. De repente, Daniel responde ao rei, com uma das afirmações mais belas da Escritura: "O meu Deus enviou o seu anjo e fechou a boca aos leões, para que não me fizessem dano, porque foi achada em mim inocência diante dele; também contra ti, ó rei, não cometi delito algum" (Dn 6.22).

Deus não permitiu que algo ruim acontecesse ao profeta, pois ele era inocente. Mais do que isso: o Senhor acabou sendo glorificado em todo o reino.

> Então, o rei Dario escreveu aos povos, nações e homens de todas as línguas que habitam em toda a terra: Paz vos seja multiplicada! Faço um decreto pelo qual, em todo o domínio do meu reino, os homens tremam e temam perante o Deus de Daniel, porque ele é o Deus vivo e que permanece para sempre; o seu reino não será destruído, e o seu domínio não terá fim.
>
> Ele livra, e salva, e faz sinais e maravilhas no céu e na terra; foi ele quem livrou a Daniel do poder dos leões.
>
> Daniel 6.25-27

Que extraordinário! Deus usou um episódio difícil e, a princípio, negativo, para fazer o nome dele ser conhecido e exaltado. Tudo o que Daniel precisou fazer foi confiar. Ele confiou que agia de modo reto diante de Deus e que só o Senhor era soberano sobre todas as coisas — e, portanto, digno de adoração. O profeta não sabia qual seria o resultado de sua obediência, mas, contra todas as circunstâncias, tinha certeza quanto a quem deveria obedecer e em quem deveria confiar.

Da mesma forma, Deus pode usar a vida de um cristão nos dias de hoje para que seu nome seja conhecido e exaltado por meio de uma aparente injustiça. O que nos cabe? Saber que coisas ruins também acontecem a pessoas boas, mas que o que livrou Daniel foi ter sido encontrado inocente e limpo diante de Deus.

Se você está passando por uma tempestade provocada por uma injustiça, consulte sua consciência em oração. Pergunte ao Espírito Santo se está tudo bem entre vocês e confie. Mantenha seu coração quebrantado diante daquele que o conhece profundamente e confie, pois a última palavra é sempre dele.

* * *

É muito comum que, em meio às tempestades da vida, achemos que o naufrágio é inevitável. Mas não é. Quem caminha com Deus pode sempre ter esperança. Assim como foi com Paulo e Daniel, que atravessaram tormentas terríveis sem perder a esperança, devemos manter-nos resilientes e confiantes.

Se, em algum momento, você estiver pressionado e abatido pelas tormentas da jornada, não fique se perguntando onde está Deus, pois você já sabe a resposta. O próprio Jesus respondeu: "E eis que estou convosco todos os dias até à consumação do século" (Mt 28.20). O importante é andar de maneira reta e obediente, crendo no Deus que sempre sabe o que faz e tem propósitos elevadíssimos.

Nunca perca a esperança. Se a ventania é terrível e as ondas são ameaçadoras, seja perseverante e mantenha a confiança inabalável em Jesus. Ao fazer isso, você sempre terá fôlego para prosseguir e vencer.

# 5

# Coragem na tormenta

# Os problemas devem ser enfrentados

> Coragem, pois, e sê homem! Guarda os preceitos do SENHOR, teu Deus, para andares nos seus caminhos, para guardares os seus estatutos, e os seus mandamentos, e os seus juízos, e os seus testemunhos, como está escrito na Lei de Moisés, para que prosperes em tudo quanto fizeres e por onde quer que fores.
>
> 1REIS 2.2-3

Eu amo olhar os personagens da Bíblia com a compreensão de que foram pessoas normais, gente como a gente. Nós costumamos superestimar indivíduos cujas histórias são relatadas nas Escrituras como se eles fossem, de algum modo, diferentes, superiores. No entanto, a lição mais preciosa que podemos extrair da vida desses homens e mulheres cujos feitos ficaram registrados na Palavra de Deus é que eles eram como nós e, embora tenham vivido em contextos distintos, atravessaram tempestades muito parecidas com as que enfrentamos, em sua essência, principalmente tormentas interiores.

Os personagens bíblicos não foram poupados das circunstâncias mais naturais da vida e, do mesmo modo como ocorre conosco, eles encararam problemas diversos e precisaram arcar com as consequências de seus atos. Assim é a vida. E, se enfrentarmos as tempestades, poderemos aprender a lidar com os problemas da melhor forma possível. Só que, para isso, é preciso coragem.

Nesse sentido, dois personagens das Escrituras, que viveram com mil anos de diferença um do outro, em contextos completamente distintos, nos ensinam importantes lições: Mical, esposa do rei Davi, e o apóstolo Paulo. Ambos sofreram com as adversidades da vida e reagiram a cada uma delas de forma diferente. Os dois casos proporcionam lições positivas e negativas que podemos aprender e aplicar ao nosso cotidiano.

## Mical e a coragem perdida

Mical era filha do rei Saul. Quando Davi demonstrou interesse em casar-se com ela, foi conversar com o rei, que pediu, como dote, a vida de cem filisteus. Davi não só matou os cem, como tirou a vida de outros cem, o dobro do que Saul lhe havia pedido. Possivelmente, a ideia do soberano era não permitir que Mical se casasse com Davi. Ao pedir a morte de cem filisteus, era bem provável que o rei, na verdade, quisesse a cabeça de Davi; afinal, que homem conseguiria tamanho feito sozinho? Mas o corajoso Davi não só enfrentou o desafio, como dobrou sua oferta e matou duzentos filisteus.

A relação de Saul e Davi foi tensa desde o começo. O povo adorava Davi e o exaltava, e Saul percebia que, gradativamente, sua própria autoridade recebia respingos de demérito, pela proximidade de um jovem tão pujante como Davi. Mical gostava muito de Davi. Afinal, ele era um jovem destemido, bonito, que gozava de respeito junto aos israelitas e, ainda por cima, era poeta e um músico sensível. Ela não mediu as possíveis consequências desse amor, pois amava Davi, que também a amava. Seu pai havia estabelecido um critério, e o jovem o havia cumprido. Tudo, aparentemente, estava como deveria ser. Mical só não contava que acabaria no meio do fogo cruzado entre o ciúme e a ira de seu pai e o amor por seu marido.

Porém Saul, naquela mesma noite, mandou mensageiros à casa de Davi, que o vigiassem, para ele o matar pela manhã; disto soube Davi por Mical, sua mulher, que lhe disse: Se não salvares a tua vida esta noite, amanhã serás morto.

Então, Mical desceu Davi por uma janela; e ele se foi, fugiu e escapou. Mical tomou um ídolo do lar, e o deitou na cama, e pôs-lhe à cabeça um tecido de pelos de cabra, e o cobriu com um manto. Tendo Saul enviado mensageiros que trouxessem Davi, ela disse: Está doente. Então, Saul mandou mensageiros que vissem Davi, ordenando-lhes: Trazei-mo mesmo na cama, para que o mate. Vindo, pois, os mensageiros, eis que estava na cama o ídolo do lar, e o tecido de pelos de cabra, ao redor de sua cabeça.

Então, disse Saul a Mical: Por que assim me enganaste e deixaste ir e escapar o meu inimigo? Respondeu-lhe Mical: Porque ele me disse: Deixa-me ir; se não, eu te mato.

1Samuel 19.11-17

Mical deveria estar confusa e com medo, pois tinha de escolher ficar ao lado do pai ou do marido. Não foi uma decisão fácil, e ela precisou de muita coragem para agir em favor do esposo, visto que para salvar-lhe a vida precisou enganar o próprio pai — que, ainda por cima, era o rei. Mas, sabendo que os soldados levariam Davi preso e, muito provavelmente, o executariam, Mical não aceitou ficar inerte e deixar que aquilo acontecesse sem que fizesse algo. Assim, em meio àquela tempestade, ela corajosamente optou por ajudar Davi a partir e o viu seguir para longe pela janela por onde fugira.

Essa imagem, apesar de triste, também é a imagem da esperança. Foi por aquela janela que ela se despediu do amado, mas, também, foi por ali que a vida dele acabou salva. Mical o observou ir embora, e seu coração deve ter ficado apertado de dor e saudade. Se foi por aquela janela que ela o viu partir, também era por ali que ela alimentava a esperança de vê-lo retornar, vivo.

Assim também acontece na vida cristã. Quando vivemos o primeiro amor, nosso espírito é uma janela cheia de esperança, mesmo que as situações mais adversas nos aconteçam. Temos uma fé muito vigorosa e firme, mesmo que nova, essencial para enfrentar as dificuldades com coragem e os olhos fitos naquele que nos chamou da morte para a vida. Sofremos mudanças radicais, somos incompreendidos e alguns zombam de nós, mas a noção de uma nova vida em Jesus nos serve de janela de esperança para dias melhores. Assistimos ao velho homem ir embora e nos postamos ali, na janela, à espera da chegada do novo homem, vivo, mais fortalecido e preservado pelo Espírito que nos converteu em nova criatura.

Nesse contexto, a fé é o elemento mais importante para se lidar com o problema e a adversidade. Ela nos mantém corajosos e confiantes de que, mesmo que a vida pareça se esvair, um dia ela será recomposta de forma mais robusta, forte e bela, se confiarmos que nossa vida, como a de Davi, está sendo guiada pelo Espírito que é, também, o Senhor da História.

*A fé [...] nos mantém corajosos e confiantes de que, mesmo que a vida pareça se esvair, um dia ela será recomposta de forma mais robusta, forte e bela.*

A Bíblia relata outro episódio que envolve, novamente, Mical, Davi e uma janela — talvez a mesma, não sabemos. O fato ocorreu anos após aquela situação da fuga de Davi, quando ele já se tornara rei. A arca da aliança havia sido tomada pelos filisteus e, após uma série de acontecimentos, fora devolvida aos israelitas. Davi partiu, então, para buscá-la e, enfim, retornou a Jerusalém com o objeto sagrado. O povo festejou o acontecimento com uma grande celebração. Um dos maiores eventos da história de Israel estava acontecendo bem ali, diante dos olhos de Mical, com muita festa e adoração. Foi quando ocorreu algo que mudaria a vida daquela mulher.

Ao entrar a arca do SENHOR na Cidade de Davi, Mical, filha de Saul, estava olhando pela janela e, vendo ao rei Davi, que ia saltando e dançando diante do SENHOR, o desprezou no seu coração. Introduziram a arca do SENHOR e puseram-na no seu lugar, na tenda que lhe armara Davi; e este trouxe holocaustos e ofertas pacíficas perante o SENHOR. Tendo Davi trazido holocaustos e ofertas pacíficas, abençoou o povo em nome do SENHOR dos Exércitos.

E repartiu a todo o povo e a toda a multidão de Israel, tanto homens como mulheres, a cada um, um bolo de pão, um bom pedaço de carne e passas. Então, se retirou todo o povo, cada um para sua casa.

Voltando Davi para abençoar a sua casa, Mical, filha de Saul, saiu a encontrar-se com ele e lhe disse: Que bela figura fez o rei de Israel, descobrindo-se, hoje, aos olhos das servas de seus servos, como, sem pejo, se descobre um vadio qualquer! Disse, porém, Davi a Mical: Perante o SENHOR, que me escolheu a mim antes do que a teu pai e a toda a sua casa, mandando-me que fosse chefe sobre o povo do SENHOR, sobre Israel, perante o SENHOR me tenho alegrado. Ainda mais desprezível me farei e me humilharei aos meus olhos; quanto às servas, de quem falaste, delas serei honrado.

Mical, filha de Saul, não teve filhos, até ao dia da sua morte.

2Samuel 6.16-23

A mesma mulher que, anos antes, nos serviu de exemplo de coragem, ao enfrentar o problema e ajudar o marido a livrar-se da morte, estava, agora, recriminando-o por adorar a Deus de forma exuberante. O que se passara naqueles anos que a transformou em uma mulher rude, mesquinha e ressentida? O lugar dela era ao lado do marido, celebrando com ele a alegria da chegada da arca, que simbolizava a presença de Deus entre o povo. Mas não: ela observava com olhos maus e julgava com severidade e desdém as atitudes do marido e rei.

O que faz que pessoas corajosas, firmes, cheias de fé, de esperança e fiéis ao Senhor se transformem em indivíduos duros, críticos, severos, desdenhosos, cínicos quanto às coisas de Deus e amargos em sua relação com os outros? Gente que era referência de fé e ação no seio da igreja e que, depois, postou-se à margem de tudo, olhando pela janela enquanto o povo celebrava a alegria da presença de Deus. Gente cuja fé, em vez de amadurecer, regrediu para a descrença e o ceticismo. O que acontece entre uma janela e outra, entre a coragem da fé e o desdém e o juízo?

O que acontece é que nos acostumamos à vida. Perdemos o encanto pelo novo. A segurança que tanto buscamos também nos faz apáticos em relação ao novo, à novidade de vida. Uma vez que sofremos perdas, queremos nos preservar de possíveis novas perdas e, acovardados, acabamos gastando energia demais tentando nos preservar daquilo que não nos cabe, como se conseguíssemos controlar todas as variáveis. A fé, que deveria fazer brotar em nós a coragem, acaba, muitas vezes, por dar lugar ao medo de que algo ruim se repita. Não por culpa da fé, mas porque não usamos as lentes corretas para enxergar as circunstâncias adversas.

*A fé, que deveria fazer brotar em nós a coragem, acaba, muitas vezes, por dar lugar ao medo de que algo ruim se repita. Não por culpa da fé, mas porque não usamos as lentes corretas para enxergar as circunstâncias adversas.*

Mical tinha medo de que o povo desdenhasse de Davi e que ele, por sua vez, perdesse o *status* adquirido à custa de tanto sofrimento. Ela não queria vê-lo sair pela janela de novo, por isso passou da coragem para o medo. Tentando precaver-se do imponderável, acabou por amargurar-se e agir com dureza extrema com Davi. Ele já estava liberto do passado, mas ela, não. Mical ainda estava presa à primeira janela, mas não mais com fé e coragem. Agora, eram o medo e a angústia que a dominavam, a ponto de torná-la rude. Devemos evitar a todo custo que isso aconteça conosco.

As experiências ruins pelas quais passamos devem produzir em nós a fé necessária para seguirmos pela vida cheios de esperança e fortalecidos pelas experiências — mesmo as ruins. Mas não devemos nos manter presos ao passado. Experiências que vivemos podem nos ensinar lições preciosas para o presente, mas circunstâncias do passado devem ser resolvidas no passado, de forma que não afetem negativamente o transcorrer de nossa vida.

Mical aprendera a ter fé e coragem no passado, mas manteve seu coração lá atrás, em vez de cultivar a esperança como lição para o presente. Seu coração ficou, assim, contaminado por um passado não resolvido, o que comprometeu seu coração no presente. A questão é que um problema, quando não resolvido, vira amargura. Mical preferiu deixar o medo do imponderável se transformar em amargura a deixar a fé se traduzir em esperança perene, que leva à coragem. A esperança da primeira janela se tornou amargura na segunda. Bem na hora de celebrar, quando as coisas pareciam ter se resolvido e a vida começava a sorrir de volta, ela preferiu apegar-se ao medo do passado e à dor pelo que poderia acontecer a crer e manter o coração leve.

Quando Mical poderia celebrar, a sombra do passado falou mais alto e a leveza do presente perdeu para a dureza de um coração preso em outro tempo. A esperança e a coragem da primeira janela não prevaleceram e, por isso, a segunda janela é testemunha de uma mulher dura de coração e carregada de medos e desesperança, alguém cuja alma não consegue sorrir, mesmo que seu amado e todo o povo estejam alegres.

É o que acontece com muitos de nós, se não tomamos cuidado. Acontecimentos passados não resolvidos viram amargura no presente. Circunstâncias difíceis de um passado complicado, quando não vistas como lições para um presente melhor, comprometem nosso cotidiano com amargura e dureza de coração. Por isso, os problemas, mesmo quando não são gerados por nós, devem ser encarados como lições para uma vida melhor no presente e no futuro, mas não devem ser fantasmas que alimentamos e carregamos conosco, nos tirando a alegria no presente e a possibilidade de uma vida encarada corajosamente, sem as assombrações de outrora.

## Paulo e a coragem fortalecida

O apóstolo Paulo foi um homem acostumado aos extremos da vida. É interessante que ele fala muito sobre equilíbrio, mas seu caráter e sua fé foram talhados por extremos, tanto da fartura e do prestígio quanto da escassez e dos sofrimentos que lhe foram impetrados por conta de seu testemunho firme e contundente de Jesus Cristo.

Em uma de suas viagens missionárias, encontramos Paulo diante destes dois extremos: o da honra e o da dor. Ele estava com Barnabé na cidade de Listra e, juntos, operaram um milagre diante de muitas pessoas, fazendo que um paralítico de nascimento passasse a andar e saltar. Com isso, foram ovacionados, seguidos e erroneamente adorados pela multidão, que os tomou por divindades da mitologia greco-romana. O que aconteceu em seguida foi algo que exigiu muita coragem de Paulo.

> Quando as multidões viram o que Paulo fizera, gritaram em língua licaônica, dizendo: Os deuses, em forma de homens, baixaram até nós. A Barnabé chamavam Júpiter, e a Paulo, Mercúrio, porque era este o principal portador da palavra. O sacerdote de Júpiter, cujo templo estava em frente da cidade, trazendo para junto das portas touros e grinaldas, queria sacrificar juntamente com as multidões. Porém, ouvindo isto, os apóstolos Barnabé e Paulo, rasgando as suas vestes, saltaram para o meio da multidão, clamando: Senhores, por que fazeis isto? Nós também somos homens como vós, sujeitos aos mesmos sentimentos, e vos anunciamos o evangelho para que destas coisas vãs vos convertais ao Deus vivo, que fez o céu, a terra, o mar e tudo o que há neles; o qual, nas gerações passadas, permitiu que todos os povos andassem nos seus próprios caminhos; contudo, não se deixou ficar sem testemunho de si mesmo, fazendo o bem,

dando-vos do céu chuvas e estações frutíferas, enchendo o vosso coração de fartura e de alegria.

Dizendo isto, foi ainda com dificuldade que impediram as multidões de lhes oferecerem sacrifícios.

Sobrevieram, porém, judeus de Antioquia e Icônio e, instigando as multidões e apedrejando a Paulo, arrastaram-no para fora da cidade, dando-o por morto.

Atos dos Apóstolos 14.11-19

Por muito menos do que Paulo teve de enfrentar nós abandonamos Jesus pelo caminho. Mas a coragem de Paulo foi maior que o medo. A tempestade não o impediu de viver pela verdade. O apóstolo teve a coragem de escolher a dor, poderoso instrumento de forja do caráter. A dor pode ser encarada como algo ruim, mas, como mencionado anteriormente, não há uma escola tão poderosa quanto a do sofrimento.

Fato é que, se não fossem a dor e a adversidade, não saberíamos o valor da perseverança e da vitória. E sem esse senso de perseverança, não evoluiríamos na caminhada cristã. Mas, para encarar a dor, precisamos crescer em coragem. Nesse sentido, para alimentar a coragem que nos leva à dor, é importante que tenhamos informações sobre o que poderíamos chamar de "benefícios da dor".

*Se não fossem a dor e a adversidade, não saberíamos o valor da perseverança e da vitória. E sem esse senso de perseverança, não evoluiríamos na caminhada cristã. Mas, para encarar a dor, precisamos crescer em coragem.*

Em primeiro lugar, a dor nos humaniza. É quando algo sai de controle que percebemos que não somos os senhores de tudo. É quando algo dói de fato que notamos que não somos de ferro. Assumir que somos humanos tem, no mínimo, duas consequências em nós. A primeira: deparamos com a realidade de que a vida e suas circunstâncias são maiores que nós, que todo nosso avanço e desenvolvimento humano não dão conta de explicar e resolver todas as coisas. A segunda: esse sentimento de impotência pode nos remeter ao desespero ou à necessidade de um relacionamento com aquele que está acima de todas as coisas. A nossa insuficiência como seres humanos encontra repouso na suficiência de Jesus Cristo.

Em segundo lugar, quando tudo está bem conosco, tendemos a nos achar autossuficientes. E não há nada que nos torne mais orgulhosos e próximos da queda do que a falta de dependência de Deus. Se há um tipo de autonomia que nos mata é a que nos faz achar que somos bons o suficiente — inclusive e principalmente em relação a Deus. O salmo 51 é profundo e lindo ao nos revelar que o Senhor nunca despreza um "coração compungido e contrito" (v. 17). A dor expõe nossa fragilidade e, por isso, percebemos que nossos maiores talentos, habilidades e recursos são insuficientes para gerar sentido e significado em nossa vida e, também, para nos resguardar de todos os males que possamos sofrer. Não é a autossuficiência que nos protege do mundo e do imponderável, mas o quebrantamento. É essa postura que nos aproxima de Deus, o único soberano sobre todas as coisas.

Em terceiro lugar, a dor gera reflexão e empatia. Quando tudo vai bem, parece que apertamos o botão do piloto automático e seguimos como quem não percebe o valor das coisas, inclusive da própria vida. Quando somos parados pela dor, buscamos encontrar os porquês daquele sofrimento, mesmo que, aparentemente, não haja uma razão. A dor é o grito do corpo, da alma ou do espírito. Ela denuncia que algo não vai bem e precisamos parar para ouvir nosso coração. É a dor que nos chama para tentarmos ver o que produziu aquilo e como podemos resolvê-lo. Uma situação dolorosa nos leva a tentar entender se a origem é alguma decisão errada ou o afastamento de Deus — ou se ela ocorreu sem que tenhamos feito nada. Depois de entendido isso, é a reflexão que nos levará à oração de arrependimento, caso a dor seja fruto de algum pecado; ou ao aprendizado, caso tenha vindo sem nenhum propósito aparente. Além disso, quando sofremos e conseguimos refletir sobre o que vivemos, aprendemos a respeitar o sofrimento alheio. É quando Deus nos ajuda a sair do estágio de dor que aprendemos, por meio de muita reflexão, para ser agentes da cura de outras pessoas.

Quem passa pelas dores da tormenta e consegue extrair todos os benefícios que elas podem proporcionar chegará ao fim da provação como alguém mais humano, quebrantado e reflexivo. E ficar cara a cara com a dor nos faz conhecê-la mais profundamente e, assim, ter mais coragem de enfrentá-la caso ela cruze novamente nosso caminho.

*Quem passa pelas dores da tormenta e consegue extrair todos os benefícios que elas podem proporcionar chegará ao fim da provação como alguém mais humano, quebrantado e reflexivo.*

Paulo viajou a Listra para cumprir sua missão. Ele foi ovacionado pela multidão, mas não se iludiu com a fama aparente. O apóstolo poderia ter alimentado o ego e desfrutado dos falsos benefícios da celebridade, mas, pelo contrário, optou por fazer o certo: atribuiu a Deus todo o mérito do milagre que operara. Aquilo foi um ato de extrema coragem. Coragem para vencer o ego e para contrariar a multidão. Coragem para fazer o que é certo. Coragem para agir corretamente, mesmo ante o potencial risco de dor.

O resultado de seu ato corajoso foi que a turba enfurecida lhe aplicou uma surra tão severa, seguida de apedrejamento, que ele chegou a ser tido como morto pelas pessoas e levado para fora da cidade. Quando os outros discípulos o encontraram, ele possivelmente estava inconsciente e muito debilitado, o que seria motivo mais que suficiente para que abandonasse tudo, a fim de receber cuidados fora dali. Mas não foi o que aconteceu.

> Rodeando-o, porém, os discípulos, levantou-se e entrou na cidade. No dia seguinte, partiu, com Barnabé, para Derbe. E, tendo anunciado

o evangelho naquela cidade e feito muitos discípulos, voltaram para Listra, e Icônio, e Antioquia, fortalecendo a alma dos discípulos, exortando-os a permanecer firmes na fé; e mostrando que, através de muitas tribulações, nos importa entrar no reino de Deus.

Atos dos Apóstolos 14.20-22

É interessante perceber que, mesmo tendo passado por aquela terrível tempestade em sua vida, Paulo não lamentou. E enfrentar as tribulações sem murmurar é um ato de coragem. Assim que os discípulos chegaram, ele recobrou os sentidos, e não há nenhum registro de que tenha reclamado do que lhe acontecera. A dificuldade que enfrentou seria motivo suficiente para reclamar da injustiça que havia sofrido ali; afinal, Paulo operara um milagre tremendo! E era assim que a coisa terminaria? "Que Deus é esse?", ele poderia se perguntar. Mas não: Paulo não se lamentou e não murmurou, pois sabia em nome de quem vivia. O apóstolo que disse trazer no corpo as "marcas de Jesus" (Gl 6.17) sabia que sofrer, em nome do Senhor Jesus Cristo, era um privilégio.

É impressionante como lamentamos por tão pouco. Se as coisas mais banais não saem minimamente da forma como esperávamos, nós praguejamos, reclamamos e murmuramos — o que é um ato de extrema covardia. Reclamar é o caminho de quem prefere ficar inerte a enfrentar as situações. Nós, hoje, somos uma geração de crentes reclamadores, que murmuram pelas coisas mais irrelevantes do mundo.

Além de não ficar lamentando, Paulo também não se fez de vítima — outra postura de coragem. A leitura do texto bíblico mostra que o apóstolo simplesmente recobrou os sentidos e se pôs de pé, para retornar à sua missão. Ele sabia que mesmo o sofrimento mais injusto estava debaixo da soberania daquele que o enviara e, por esse motivo, ele não era vítima de nada, senão da vontade boa, agradável e perfeita daquele que o havia chamado ao ministério e à missão de proclamar as boas-novas de Jesus Cristo.

Hoje em dia, acreditamos que temos muitos direitos e poucos deveres. Por isso, nos achamos vítimas da sociedade, do sistema, da educação familiar, da igreja e de um sem-número de argumentos e algozes que inventamos para justificar a nossa falta de protagonismo. Podemos até ser vítimas de algumas pessoas ou circunstâncias, mas assumirmos esse papel em toda e qualquer situação adversa faz de nós crentes chorões e fracos, despreparados para a vida e uma fé madura. Covardes. Paulo ensina que não devemos nos vitimizar, mas, sim, erguer a cabeça após enfrentar uma tempestade e prosseguir corajosamente.

*Paulo ensina que não devemos nos vitimizar, mas, sim, erguer a cabeça após enfrentar uma tempestade e prosseguir corajosamente.*

Se o apóstolo quisesse parar por ali, tenho certeza de que ninguém o condenaria. Ele havia quase morrido, de modo injusto, e encerrar as atividades seria compreensível. Mas Paulo era obstinado e corajoso. Mais do que isso, ele estava certo de quem o tinha chamado e de que sua missão, mais do que sua, era a missão do Pai. Por isso, ao recobrar a consciência, não lamentou, não se vitimizou e se levantou para continuar a cumprir seu chamado e sua missão.

Em meio à dor, o corajoso Paulo exercitou a fé e prosseguiu, apesar das circunstâncias. Por muito menos, apostatamos da fé, por acharmos que Deus nos abandonou. Nossa forma imatura e covarde de lidar com os problemas nos afasta do Senhor e de seu ideal de fé para nós. Achamos que ele só está ao nosso lado quando tudo vai bem. Ao menor sinal de tempestade, se não somos corajosos, queremos pular fora do barco, quando deveríamos fazer exatamente o contrário. É na adversidade que a fé dos corajosos se fortalece. É apesar do que se apresenta como a última palavra que devemos perseverar.

Nossa fé é a melhor embarcação para encararmos toda e qualquer tempestade. É ela que nos fará, apesar de tudo — fraqueza, injustiça, incompreensão e apedrejamentos —, levantar, limpar as roupas e prosseguir, a fim de cumprirmos aquilo que dá sentido à vida: a missão de Deus. É a fé que nos conduz ao porto seguro. Os problemas virão, mas precisamos enfrentá-los. Como? Com coragem. É o único meio de atravessar a tempestade e sair vitorioso do outro lado.

# 6

# O porto seguro

# A necessidade de buscar a Deus e confiar nele

Buscai o SENHOR e o seu poder, buscai perpetuamente a sua presença.
1CRÔNICAS 16.11

Buscar o Senhor é um imperativo na vida de todo cristão. Estabelecer um relacionamento pessoal e íntimo com aquele que nos resgatou do inferno e transformou nossa vida deveria ser uma atitude cotidiana e natural. Mas, lamentavelmente, não é assim que acontece com uma quantidade assombrosa de cristãos.

A luta para criar condições a fim de que haja uma relação direta entre os filhos e o Pai é diária, porque nossa natureza insiste em nos afastar de Deus. O pecado nos empurra para longe da vontade do Senhor, agindo com força total para que não tenhamos comunhão com ele. A boa notícia é que, quanto mais o Espírito Santo nos enche, mais natural se torna o desejo de buscar ao Senhor.

Portanto, esse é um movimento duplo: se o buscamos, o Espírito nos preenche. E, quanto mais o Espírito nos preenche, mais queremos buscá-lo. Mas essa dinâmica não é fácil, já que a natureza carnal permanece em nós, o que dá origem a uma luta contínua, cuja meta final é negarmos a nós mesmos e assumirmos o caráter de Jesus, pelo poder do Espírito.

A busca por Deus produz muitas possibilidades novas e boas. Porém, há um risco sutil nesse relacionamento. Uma vez que Deus passa a nos abençoar quando o buscamos, muitos de nós acabam por gostar mais das bênçãos do que do próprio Senhor. Tornamo-nos, assim, ávidos pelos benefícios, mais do que pelo beneficiador. E isso acaba por nos confundir muito. Desse problema surge a necessidade de, além de o buscarmos, adquirirmos uma confiança inabalável nele. Assim, a busca levará à confiança em seu poder, em sua soberania e em sua vontade.

Se a busca por Deus é fruto do nosso desejo de conhecê-lo e estar cada vez mais perto dele, o protagonismo deve ser convertido em coadjuvação. O papel principal deve ser, sempre, de Deus. Se isso ocorrer, correremos cada vez menos o risco de confundir o desejo pela presença de Jesus com a procura pelas bênçãos que vêm dele. Em razão disso, devemos confiar cada vez mais nele. Se confiarmos que ninguém melhor do que ele pode dirigir nossa busca, conseguimos descansar, confiantes em sua boa, agradável e perfeita vontade.

Se não for alicerçada na confiança que temos em Deus, a busca pelo Senhor pode nos levar a destinos estranhos e perigosos. Afinal, quando estamos com o barco no meio da tempestade, o que queremos mais do que tudo é chegar a um porto seguro. E, como o único capaz de nos conduzir à segurança é Deus, passamos a buscá-lo desesperadamente. Como um faroleiro, ele recorre ao farol, que é sua Palavra, e, com a luz que dela emana, nos orienta em meio ao mar. Porém, caso valorizemos mais a luz do farol que o próprio faroleiro, poderemos seguir na direção de rochas ameaçadoras, que podem acabar por

*Quando estamos com o barco no meio da tempestade, o que queremos mais do que tudo é chegar a um porto seguro. E, como o único capaz de nos conduzir à segurança é Deus, passamos a buscá-lo desesperadamente.*

nos afundar. Nossa confiança deve estar sempre naquele que gera a bênção, e não na bênção em si.

Nosso barco navega incessantemente em busca da presença de Deus, motivados que somos pela confiança em que, uma vez atracados no porto seguro que é Jesus Cristo, receberemos descanso, provisão, paz e direção para as próximas viagens. Se atracarmos no porto de nossa vontade pessoal, podemos até ter uma falsa sensação de paz, mas não obteremos o verdadeiro descanso para a alma, tampouco provisão e, muito menos, direção para viagens futuras. Só em Jesus temos paz. Só dele recebemos provisões. Só ele pode nos dar a direção segura. Mas, se não confiarmos que somente ele é capaz de nos proporcionar tudo isso, a busca poderá parecer verdadeira — afinal, estamos buscando a Deus —, mas, na realidade, será infrutífera.

Assim como uma embarcação precisa de velas e de um leme para navegar e, mais ainda, para vencer as tempestades, nós precisamos buscar o Senhor e confiar nele a fim de viver uma vida espiritual plena e vencedora. Buscar sem confiar pode nos levar à procura das coisas erradas, mesmo que em Deus. Confiar sem buscar é tentar navegar com as velas abertas, mas sem vento algum e, ao perceber que a embarcação não se move, continuar lá dentro, sem sair do lugar.

A Bíblia tem muitos bons exemplos da necessidade de buscar a Deus e de fazê-lo com confiança inabalável. Para nos aprofundarmos nesse tema, vamos analisar o salmo 27 e a história de Joquebede, a mãe de Moisés.

## Buscar a Deus

Há momentos na vida do cristão em que os problemas são tantos ou tão grandes que o impulsionam a buscar socorro ao Pai onipotente. Se por um lado é bem desagradável passar por tempestades, por outro são exatamente elas que salvam multidões de uma vida independente de Deus. As tormentas da vida nos deixam de alma nua diante das impossibilidades, o que nos faz correr para os braços do nosso Senhor.

Não é, de forma alguma, errado recorrer a Deus nas tribulações. É lícito, e muitos homens e mulheres citados na Bíblia fizeram isso. Afinal, ele é "nosso refúgio e fortaleza, socorro bem presente nas tribulações" (Sl 46.1). O próprio Jesus correu aos pés do Pai no seu momento de maior tristeza e angústia.

> Em seguida, foi Jesus com eles a um lugar chamado Getsêmani e disse a seus discípulos: Assentai-vos aqui, enquanto eu vou ali orar; e, levando consigo a Pedro e aos dois filhos de Zebedeu, começou a entristecer-se e a angustiar-se. Então, lhes disse: A minha alma está profundamente triste até à morte; ficai aqui e vigiai comigo. Adiantando-se um pouco, prostrou-se sobre o seu rosto, orando e dizendo: Meu Pai, se possível, passe de mim este cálice! Todavia, não seja como eu quero, e sim como tu queres. E, voltando para os discípulos, achou-os dormindo; e disse a Pedro: Então, nem uma hora pudestes vós vigiar comigo? Vigiai e orai, para que não entreis em tentação; o espírito, na verdade, está pronto, mas a carne é fraca. Tornando a retirar-se, orou de novo, dizendo: Meu Pai, se não é possível passar de mim este cálice sem que eu o beba, faça-se a tua vontade.
>
> Mateus 26.36-42

*Buscar a Deus na angústia é o que devemos fazer. Muito melhor seria buscá-lo em todos os momentos, mesmo quando tudo vai bem, o céu está azul e as brisas sopram suave, como Jesus fazia.*

Sim, buscar a Deus na angústia é o que devemos fazer. Muito melhor seria buscá-lo em todos os momentos, mesmo quando tudo vai bem, o céu está azul e as brisas sopram suave, como Jesus fazia. Mas nem sempre é o que ocorre conosco.

No salmo 27, Davi demonstra perceber que a urgência de ir aos pés do Senhor havia crescido e que sem Deus ele não chegaria a lugar algum. Então, buscou refúgio e descanso no Pai no momento da adversidade e declarou que a casa do Senhor seria prioridade para ele. Davi teve sede de vida com Deus e tornou-se exemplo para todos os cristãos, que são desafiados a ser como ele foi. A vida de Davi nos ensina muito sobre como buscar a presença de Deus. Podemos usar o que ele viveu e falou como exemplo para identificar informações importantes para a busca pelo Senhor. Para isso, precisamos ler esse salmo.

> O SENHOR é a minha luz e a minha salvação; de quem terei medo? O SENHOR é a fortaleza da minha vida; a quem temerei?
>
> Quando malfeitores me sobrevêm para me destruir, meus opressores e inimigos, eles é que tropeçam e caem.
>
> Ainda que um exército se acampe contra mim, não se atemorizará o meu coração; e, se estourar contra mim a guerra, ainda assim terei confiança.
>
> Uma coisa peço ao SENHOR, e a buscarei: que eu possa morar na Casa do SENHOR todos os dias da minha vida, para contemplar a beleza do SENHOR e meditar no seu templo.
>
> Pois, no dia da adversidade, ele me ocultará no seu pavilhão; no recôndito do seu tabernáculo, me acolherá; elevar-me-á sobre uma rocha.
>
> Agora, será exaltada a minha cabeça acima dos inimigos que me cercam. No seu tabernáculo, oferecerei sacrifício de júbilo; cantarei e salmodiarei ao SENHOR.
>
> Ouve, SENHOR, a minha voz; eu clamo; compadece-te de mim e responde-me.
>
> Ao meu coração me ocorre: Buscai a minha presença; buscarei, pois, SENHOR, a tua presença.
>
> Não me escondas, SENHOR, a tua face, não rejeites com ira o teu servo; tu és o meu auxílio, não me recuses, nem me desampares, ó Deus da minha salvação.
>
> Porque, se meu pai e minha mãe me desampararem, o SENHOR me acolherá.

Ensina-me, SENHOR, o teu caminho e guia-me por vereda plana, por causa dos que me espreitam.

Não me deixes à vontade dos meus adversários; pois contra mim se levantam falsas testemunhas e os que só respiram crueldade.

Eu creio que verei a bondade do SENHOR na terra dos viventes.

Espera pelo SENHOR, tem bom ânimo, e fortifique-se o teu coração; espera, pois, pelo SENHOR.

Salmos 27

## Buscar é reconhecer quem é Deus

O salmo 27 não é uma canção alegre. Pelo contrário, é o lamento de um homem angustiado e a afirmação de alguém que sabe que, mesmo com todo o potencial que tem e que o cerca, não dará conta sozinho de vencer as tempestades que o assolam. Assim, já no primeiro versículo, Davi começa dizendo quem é Deus para si mesmo, para o próprio Deus e para a realidade à sua volta.

Isso me faz lembrar de um ditado popular: "Não diga para Deus o tamanho do seu problema, mas diga para o seu problema o tamanho do seu Deus". Essa é uma afirmação tão simples quanto rica. Muitos de nós, em meio a momentos difíceis, enfatizamos a força das dificuldades e das impossibilidades, em vez de reconhecer a grandeza do Deus a quem servimos. E isso está errado. Ou não conhecemos bem a Deus, ou o deus a quem achamos conhecer não é o Deus dos deuses e Senhor dos senhores. Davi é muito pedagógico consigo mesmo ao iniciar o salmo enfatizando o caráter e a grandeza de Deus e explicitando quem ele é.

*Muitos de nós, em meio a momentos difíceis, enfatizamos a força das dificuldades e das impossibilidades, em vez de reconhecer a grandeza do Deus a quem servimos. E isso está errado.*

Temos a mania de nos assustarmos mais com a dimensão dos problemas pelos quais passamos, dos mais bobos aos mais complexos, do que nos impressionarmos com a grandeza do

Deus a quem servimos. Se, de fato, acreditássemos, com fé, que servimos a alguém que é todo-poderoso, muitas de nossas lamentações e desesperanças ficariam pelo caminho.

Não estou dizendo que não sofreremos. O texto bíblico mostra que Davi está, nitidamente, sofrendo. Contudo, sejamos francos: o que de fato enfatizamos, sobretudo nos momentos de tempestade: a tribulação ou o cuidado de Deus? O tamanho da dificuldade ou a grandeza de Deus? O desespero ou o poder do Senhor? Precisamos saber que o modo como conhecemos Deus e o enaltecemos fará toda a diferença na maneira como enxergamos uma tempestade e passamos por ela. O que mais enfatizarmos será, também, aquilo a que mais daremos importância.

### *Buscar é refugiar-se nele*

Davi era um guerreiro, acostumado a batalhas, intempéries, conspirações e turbulências. Isso fez que se tornasse um homem forte, resistente às dificuldades. Ter esses predicados é bom, mas pode fazer que nos sintamos autossuficientes. No salmo 27, fica claro que Davi enfrenta uma situação de adversidade que, pelo modo como descreve, parece ser muito maior que ele.

Mesmo fortes e resistentes, não somos super-heróis espirituais. Somos gente. Quantas vezes você olhou à volta e se deu conta de que a guerra havia sido instaurada, no trabalho, na família, no casamento ou em qualquer outra instância? Quantas vezes tudo parecia estar bem, a ponto de levá-lo a relaxar na vida espiritual, e se iludir, imaginando que nada poderia dar errado naquele momento; porém, de repente, estourou uma sequência de adversidades, uma atrás da outra? O resultado, quando isso ocorre, é que a sensação de paz é imediatamente substituída pelo desespero. A falsa sensação de segurança é trocada pelo medo e pela consciência da incapacidade de resolver aquilo tudo.

O rei Davi estava cercado de bênçãos que poderiam dar-lhe a falsa impressão de proteção e segurança. Todavia, de repente, ele se viu só, rodeado por inimigos e aflito pela impossibilidade de lidar com a tempestade sozinho. E, assim, buscou refúgio no Todo-poderoso: "Pois, no dia da adversidade, ele me ocultará no seu pavilhão; no recôndito do seu tabernáculo, me acolherá; elevar-me-á sobre uma rocha" (v. 5). Eis a diferença entre o homem segundo o coração de Deus e muitos de nós: Davi optou por buscar refúgio em Deus, e não em qualquer uma das outras possibilidades.

Davi sabia que, mesmo que nos pareça possível dar conta das tempestades na terra pela força do próprio braço, na realidade somos incapazes de fazer tudo sozinhos. E, mesmo que fôssemos capazes, não há lugar mais seguro onde estar do que no "seu tabernáculo", no qual Deus habita.

*O rei Davi estava cercado de bênçãos que poderiam dar-lhe a falsa impressão de proteção e segurança. Todavia, de repente, ele se viu só, rodeado por inimigos e aflito pela impossibilidade de lidar com a tempestade sozinho. E, assim, buscou refúgio no Todo-poderoso.*

O rei confiava que, mesmo diante de todas as evidências negativas, refugiar-se na casa de Deus é estar num lugar seguro e que, se estivesse lá, o próprio Deus lutaria por ele e o guardaria em segurança, "sobre uma rocha".

Muitas vezes, obter vitória é estar em meio à pior das tempestades, mas resguardado pelo Pai em sua casa, e protegido por ele sobre uma rocha. Nossas lutas podem ser o meio pelo qual Deus nos trará para perto dele, com a finalidade, inclusive, de nos proteger daquilo que nos aflige.

## *Buscar é crer, apesar das evidências contrárias*

Davi sempre demonstrou ser uma pessoa intensa e profunda, mesmo ao errar. É interessante como Deus não se agrada de quem fica em cima do muro. Apocalipse contém um texto clássico sobre isso, quando o Senhor manda o apóstolo João escrever a carta à igreja de Laodiceia: "Conheço as tuas obras, que nem és frio nem quente. Quem dera fosses frio ou quente! Assim, porque és morno e nem és quente nem frio, estou a ponto de vomitar-te da minha boca" (Ap 3.15-16). Os mornos ficam pelo caminho. Não se decidem nem para um lado, nem para outro. Não aprendem a se entregar, a confiar, a abrir mão de si mesmos e buscar com intensidade as coisas do alto.

Davi não era assim. Ele se entregava com integralidade ao que fazia. O salmo 27 é, em grande parte, um lamento intenso. O rei estava cansado e sob pressão e sentia-se sozinho, mesmo cercado por muita gente. Ao longo do texto, a tristeza e a preocupação aos poucos se tornam evidentes. Grande parte dos cristãos ficaria por aqui. Eles até reconhecem quem é Deus, são sinceros e viscerais ao explanar suas dores, preocupações e inquietações, mas deixam que essa descrição e esse desabafo sejam, também, as suas últimas palavras. Davi, entretanto, foi além.

No salmo 27, o rei é fiel em reconhecer quem é Deus, e desnuda a alma, desabafando sobre o que lhe aflige, mas dá um passo além: ele crê, apesar das evidências contrárias. Ao final do salmo, Davi deixa claro em quem repousa sua confiança: em Deus. "Eu creio que verei a bondade do SENHOR na terra dos viventes. Espera pelo SENHOR, tem bom ânimo, e fortifique-se o teu coração; espera, pois, pelo SENHOR" (v. 13-14). É no Senhor que ele espera, é em Deus que ele confia. Davi sabia que, mesmo com a tempestade furiosa à volta, o caráter de Deus permanecia o mesmo, assim como seu cuidado, seu poder e sua soberania. O salmista pôs para fora tudo aquilo que o afligia e, já mais leve, se encheu de confiança, resultado de sua busca, para dizer que viveria para ver a bondade do Senhor na terra.

*No salmo 27, o rei é fiel em reconhecer quem é Deus e desnuda a alma, desabafando sobre o que lhe aflige, mas dá um passo além: ele crê, apesar das evidências contrárias.*

Além disso, do alto de seu sofrimento e preocupação, o rei nos convida a esperar no Senhor. É relevante o fato de ele não recomendar que esperemos nos exércitos, nas facilidades, em nossas habilidades nem em nada além de Deus.

Davi não foi um homem qualquer. Ele era o rei de Israel, acostumado a dar ordens, a ser o protagonista de sua vida. Entretanto, assim mesmo, ele sabia que nada substitui a necessidade de aprender a crer no Senhor e esperar nele. Esse mesmo homem nos conclama a ter coragem — não a que nos leva a agir ou lançar mão de nossas possibilidades, mas a coragem necessária para abrir mão de nosso protagonismo em nome da esperança naquele que é poderoso para fazer muito mais do que pedimos, pensamos ou precisamos.

As evidências podem nos mostrar que não há saída da tempestade que se abateu sobre nós, mas a fé nos faz enxergar para muito além de qualquer horizonte. A fé é nosso "olho espiritual": se enxergarmos através dela, aprenderemos a ver muito além. E, mesmo quando não conseguirmos ver nada, a fé será o instrumento que nos fará crer que os olhos de Deus permanecem abertos e que ninguém melhor do que ele para nos guiar, ainda que andemos pelo "vale da sombra da morte" (Sl 23.4).

* * *

A busca pela presença de Deus é um passo fundamental para nosso amadurecimento na caminhada cristã. Não há relacionamento sem busca. Deus fez e continua fazendo a sua parte: ele nos buscou quando nos criou, nos buscou quando nos redimiu, nos buscou quando nos converteu e continua nos buscando para que amadureçamos e elevemos nossa vida a outro nível espiritual.

Todavia, o Senhor não nos força a nada, embora deseje que o busquemos. O amor não impõe, por isso a necessidade de buscarmos a presença de Deus — muitas vezes, inclusive, contra nossa natureza carnal e contra a velocidade de um mundo que nos impõe uma agenda cada vez mais louca, em que as coisas mais importantes ficam em segundo plano. Por isso, buscar ao Senhor deve ser uma disciplina levada muito a sério. Como o seu espírito seria fortalecido sem leitura das Escrituras, sem oração, confissão nem comunhão? Por esse e outros motivos, buscar a Deus deve ser nossa prioridade máxima: "buscai, pois, em primeiro lugar, o seu reino e a sua justiça, e todas estas coisas vos serão acrescentadas" (Mt 6.33).

A busca é fundamental, ela é a vela que leva adiante a embarcação em meio à tempestade. Mas, se o barco não tiver um bom leme, tudo dará errado. Portanto, nossa busca pelo Senhor deve ser orientada pela confiança que temos nele, em quem ele é, no seu caráter e no seu poder, para muito além daquilo que ele pode fazer.

## Confiar em Deus

Nenhuma figura humana se aproxima tanto do caráter cuidadoso de Deus quanto a de uma mãe. Isso é verdade, inclusive, no relato bíblico. É impressionante como a grande maioria de nós tem histórias para contar sobre circunstâncias em que a mãe nos livrou, protegeu ou guardou de alguma forma absurda, até engraçada, visando ao nosso bem-estar. O livro de Êxodo apresenta de forma bastante sintética a história do nascimento de Moisés e de como sua mãe, Joquebede, o protegeu da morte iminente.

O povo de Deus havia sido escravizado no Egito. O faraó, preocupado com o crescimento dos cativos, decretara que todo bebê israelita do sexo masculino deveria ser morto, a fim de evitar que a multiplicação demasiada permitisse que houvesse uma rebelião dos escravos. Nesse contexto, a hebreia Joquebede, prestes a dar à luz, sabia que, caso seu bebê fosse um menino, seria lançado no rio Nilo, onde certamente morreria.

> Foi-se um homem da casa de Levi e casou com uma descendente de Levi. E a mulher concebeu e deu à luz um filho; e, vendo que era

formoso, escondeu-o por três meses. Não podendo, porém, escondê-lo por mais tempo, tomou um cesto de junco, calafetou-o com betume e piche e, pondo nele o menino, largou-o no carriçal à beira do rio. A irmã do menino ficou de longe, para observar o que lhe haveria de suceder. Desceu a filha de Faraó para se banhar no rio, e as suas donzelas passeavam pela beira do rio; vendo ela o cesto no carriçal, enviou a sua criada e o tomou. Abrindo-o, viu a criança; e eis que o menino chorava. Teve compaixão dele e disse: Este é menino dos hebreus. Então, disse sua irmã à filha de Faraó: Queres que eu vá chamar uma das hebreias que sirva de ama e te crie a criança? Respondeu-lhe a filha de Faraó: Vai. Saiu, pois, a moça e chamou a mãe do menino. Então, lhe disse a filha de Faraó: Leva este menino e cria-mo; pagar-te-ei o teu salário. A mulher tomou o menino e o criou.

Sendo o menino já grande, ela o trouxe à filha de Faraó, da qual passou ele a ser filho. Esta lhe chamou Moisés e disse: Porque das águas o tirei.

Êxodo 2.1-10

Quando se deu conta de que havia dado à luz uma criança do sexo masculino, Joquebede elaborou um plano para salvar seu filhinho. As chances de sucesso eram ínfimas. Imagine a probabilidade de dar certo um plano que prevê colocar um bebê recém-nascido num cesto e lançá-lo rio abaixo, na esperança de que algo improvável aconteça. O que fica patente aqui é que Joquebede era uma mulher de fé. Além do instinto de salvar o filho, ela tinha o poder da oração, da fé e da esperança. Essa é a verdadeira origem de motivação de Joquebede.

Muitos outros meninos, de muitas outras mães tão boas e cuidadosas como ela, já haviam sido mortos. Não seria falta de cuidado dela se acontecesse o pior, também, com o seu bebê. Era o que estava ocorrendo, sem que nenhum judeu pudesse fazer nada. Joquebede não sabia se o seu plano daria certo, não havia nenhuma certeza de qual seria o final daquela empreitada absurda, e ela contava exclusivamente com a confiança num Deus grandioso e sobrenatural. Se alguém poderia fazer algo, esse alguém era o Deus no qual Joquebede depositava toda a sua confiança.

E a fé daquela mulher foi premiada, pois o menino acabou sendo resgatado pela filha do faraó, que se banhava no Nilo exatamente àquela hora. A filha do faraó pegou o bebê de dentro do cesto, e Moisés cresceu no palácio, onde recebeu todo o cuidado e toda a educação que lhe seriam preciosos no momento em que ele se tornaria o libertador do povo de Israel do jugo de quatrocentos anos de escravidão.

Essa história é impressionante. E torna-se ainda mais significativa quando percebemos que tem como ponto de partida a confiança de uma mulher simples diante da situação mais terrível pela qual já havia passado e de todas as improbabilidades de que sua ideia alcançasse sucesso.

*Joquebede não sabia se o seu plano daria certo, não havia nenhuma certeza de qual seria o final daquela empreitada absurda, e ela contava exclusivamente com a confiança num Deus grandioso e sobrenatural.*

Joquebede confiou porque buscava a Deus e, na hora em que sua fé precisou ser acionada, ela estava sólida, madura e preparada. Se não buscasse ao Senhor, de onde resgataria sua fé? Sendo assim, Joquebede tornou-se exemplo e símbolo de confiança em Deus, apesar e muito além das circunstâncias. Observemos a vida dessa mulher incrível, com quem podemos aprender lições valiosas.

## *A crise chega sem avisar*

Joquebede vivia um lindo período de sua vida. Estava grávida, esperando mais um bebê. A barriga crescia junto com o amor, os sonhos e as expectativas. A gravidez é o período mais impressionante da vida de uma mulher, sem dúvida. De repente, ela tomou conhecimento do decreto do faraó, o que transformou aquele belo momento num pesadelo.

A crise não nos avisa previamente. Ela chega e se instaura sem que possamos fazer quase nada. Nossa vida pode mudar por completo com um telefonema, um acidente, um diagnóstico. O desespero bate à porta de muitas formas possíveis. O que faz que tenhamos condições de lidar de modo diferente com aquilo que nos sobrevém sem que tenhamos o potencial de resolver por nós mesmos? A confiança em Deus.

Quando tudo vai bem, temos a tendência de esfriar na busca pelo Espírito Santo. Ficamos mais relaxados e folgados, e nos esquecemos de que a crise não manda aviso: quando ela chega, se não estamos firmes em Deus, graças a uma busca cotidiana, o desespero se instaura. Porém, se estamos firmes, temos forças para fazer a única coisa que poderemos caso uma tempestade se abata subitamente sobre nós: confiar.

A diferença entre Joquebede e muitas outras mulheres que sofreram o terror daquela notícia e tiveram os filhos mortos por ordem do faraó é que ela, mesmo em meio ao desespero e à crise, confiou que Deus faria algo a fim de salvar seu menino, ainda que aquilo parecesse um absurdo. E sua fé produziu esperança, que, por sua vez, lhe trouxe a perspicácia para pensar em algo que, no mínimo, poderia atrasar a morte do menino.

A crise sempre nos pega de surpresa. A diferença é como ela nos encontra, se preparados ou despreparados. A crise pode exercitar nossa fé, mas é no dia a dia que adquirimos a fé necessária para os momentos de dificuldade. Se a dificuldade molda e testa, é o cotidiano que nutre e fortalece.

### *Confiar demanda entrega total*

Deus não está de brincadeira. Ele é amável e gracioso, mas também é soberano e poderoso. Se estabelecermos um relacionamento com ele, tudo que ele irá requerer de nós é entrega total.

E como é difícil entregarmos tudo! Normalmente, entregamos partes de nós, sobretudo as mais irrelevantes. A entrega total é muito complicada para seres tão egoístas como nós. Entregar os sonhos, os desejos, as vontades e os planos é tão difícil quanto necessário. Afinal, quem sabe mais sobre nós mesmos, o mundo, o tempo, o futuro e as demais coisas, senão Jesus? Relacionar-se com Deus não é algo que dá para fazer pela metade; ou confiamos e entregamos tudo, ou sempre correremos o risco de assumir o lugar dele em nossa vida e colhermos os resultados mais tristes por nossa própria culpa.

Deus é soberano sobre todas as coisas, é Senhor da História e conhecedor íntimo dos corações. A quem mais poderíamos confiar nossas vidas? Nem nós conseguimos cuidar sozinhos de nós mesmos. Naquele capítulo tão triste da história de Israel, talvez outros bebês poderiam ter sido salvos, não fosse a falta de confiança na ação sobrenatural do Senhor. Se por um lado respeito completamente o desespero daquelas mães, em meio ao momento mais difícil de sua vida, por outro sei que é em momentos como esse que precisamos lançar mão de nossa fé naquele que nos ama e tem poder para nos salvar.

É exatamente em circunstâncias como aquela em que viviam Joquebede e os demais israelitas que nos damos conta da verdade e da integridade de nossa relação com o Pai. Pois confiar é entregar tudo, é saber e demonstrar que ele pode mais do que nós e que confiamos não só em seu poder, mas, sobretudo, em seu amor, que é a base de sua vontade para cada um de nós.

## *Confiar é um ato de coragem*

Muitos cristãos esperam durante meses ou anos por algum milagre e, de repente, uma crise o adia ou impede que aconteça. E, na primeira tempestade, os sonhos são esquecidos e os projetos, postos por terra. Falta-nos ânimo e coragem para sabermos que, se aquela é a vontade de Deus, ele cooperará de forma enfática para que ela aconteça. E, se não for a vontade dele, é melhor mesmo que nada aconteça. Não podemos desistir tão rápido.

Joquebede esperou meses pelo filho e nem pôde ficar muito tempo com ele, mas, ainda assim, não desistiu. Pelo contrário, agiu com coragem em seu favor, pondo em risco a própria vida. Em uma situação como a dela, a maioria das pessoas provavelmente se prostraria; talvez, entrasse em depressão. Joquebede escolheu agir. E sua confiança em Deus produziu nela a coragem necessária para que não esperasse o pior acontecer, antes se mexesse e fizesse algo.

De igual modo, todo cristão precisa entregar seu caminho a Deus e confiar. Devemos ter a mesma coragem de Joquebede ao tomar a decisão, aparentemente inócua, de pôr o filho no cesto. Quem tem coragem para crer em Deus e em sua Palavra recebe dele a estratégia para enfrentar o problema.

*Todo cristão precisa entregar seu caminho a Deus e confiar. Devemos ter a mesma coragem de Joquebede ao tomar a decisão, aparentemente inócua, de pôr o filho no cesto. Quem tem coragem para crer em Deus e em sua Palavra recebe dele a estratégia para enfrentar o problema.*

Joquebede confiou que Deus cuidaria de seu filho. E assim foi. Tempos depois, Moisés se tornou o homem usado pelo Senhor para tirar o povo de Israel da escravidão no Egito. A confiança de Joquebede não só salvou seu filho, como também nos presenteou com uma das mais belas e impressionantes histórias sobre o cuidado de Deus com seu povo. E tudo começou com um ato de confiança e coragem.

Não sabemos o que Deus pode fazer conosco, mas temos a certeza de que, nele, nossa vida ganha sentido e significado. Por meio dele, poderemos fazer coisas inimagináveis, como fruto de uma busca incessante por sua presença e da confiança que depositamos nele.

Deus é nosso porto seguro sempre, mesmo que a tempestade esteja furiosa e implacável. Por isso, devemos buscá-lo com todas as nossas forças, numa busca orientada pelo desejo de fazer sua vontade, a fim de adquirirmos a confiança necessária para obedecermos ao Senhor em tudo. A única garantia que temos é a de que aquele que o buscar o encontrará e que quem o encontrar será recompensado com coragem para enfrentar todas as situações da vida, neste mundo, confiando que o melhor de Deus é sempre o melhor para cada um de nós.

# Conclusão

Imagine-se num barco. Você navega por águas tranquilas, o céu está azul e o sol está brilhando, mas, de repente, você se vê surpreendido por ventos que trazem grandes ondas, balançando a embarcação. Um pouco mais de tempo e o céu fica acinzentado, com relâmpagos, raios e trovões. A chuva começa a cair, e a neblina compromete a navegação. Quando você se dá conta, a tempestade está formada e a embarcação corre risco de afundar. Você está em sérios apuros!

O mesmo ocorre na vida. Tudo vai bem, há paz e tranquilidade e todas as coisas parecem estar sob controle. Até que, inesperadamente, somos atingidos por notícias capazes de nos desestabilizar. Em momentos assim, antes de desistir e naufragar, você precisa lembrar que Deus controla tudo e que, independentemente da circunstância, ele continua em seu trono, disposto a não desperdiçar nenhuma oportunidade de manifestar sua glória.

Confie. As injustiças não podem afetar suas certezas, os imprevistos não podem destruí-lo, o medo e a dúvida não podem desintegrar seu sistema de crenças. A maturidade conserva o equilíbrio emocional e a fé, mesmo em meio às adversidades. As melhores oportunidades de crescimento sempre vêm durante as crises inesperadas e os tempos de provações. É exatamente nesses momentos que o Senhor se revela como o Deus de misericórdia e graça.

Ninguém se impressiona com a nossa fé durante os tempos calmos. Qualquer um pode crer quando tudo está bem. O importante é como reagimos diante das tempestades. Nosso crescimento depende de desenvolvermos a habilidade de resistir aos tempos de dificuldade e de perseverar nas provações. Deus não permite tempestades para nos destruir, e sim para fortalecer nossa fé. A verdade é que somos os maiores beneficiados no processo.

Seu verdadeiro testemunho não está no que você conseguiu evitar, mas em tudo o que enfrentou sem desistir. Não é do que escapamos, mas a que resistimos, o que faz que ganhemos respeito das outras pessoas. Sua resistência aponta para a fonte de sua segurança e fortaleza, Jesus. Não evitamos as tempestades, mas podemos atravessar maremotos com a presença de Deus e com paz interior.

Resista a qualquer adversidade do caminho, encare as situações com fé e saia vitorioso e fortalecido do furacão. Seu testemunho está em jogo, toda fé que você professou publicamente está em xeque. As pessoas ao seu redor estão observando e querem conferir em que sua fé está firmada.

Quando você navega por mares revoltos e chega ao destino com um sorriso no rosto, ouvirá de muitas pessoas: "Quero este Deus!". Então, enfrente suas provações glorificando ao Senhor. Quando a tempestade chega, tudo de que você precisa para superar os piores momentos da vida é ter um relacionamento com Jesus, o autor da vida, que seja íntimo, próximo, dependente e constante. Tê-lo a bordo é certeza de paz, mesmo em meio às tribulações.

Por isso, termino este livro com uma pergunta: como anda a sua relação com Jesus? Estabeleça um vínculo sólido e permanente com ele. Não espere a situação apertar para lançar-se aos seus pés. Jesus não quer estar com você apenas em momentos pontuais da jornada; ele quer compartilhar de absolutamente todos os instantes, bons ou maus, felizes ou tristes.

Faça de Jesus o capitão de seu barco, pois com ele no leme tudo irá bem nessa jornada. Navegar até chegar a um porto seguro: só depende de você.

# Sobre o autor

Rinaldo Luiz de Seixas Pereira é líder e fundador da Igreja Bola de Neve. Criou o Instituto Global de Ensino Teológico, que forma líderes, missionários e pastores. Tem como objetivo de vida conectar as próximas gerações ao coração de Deus. É casado com a pastora Denise de Seixas Pereira e é pai de Nathan, Rinaldo Neto, Raquel e Renan.

Conheça outras obras de

## Rinaldo Seixas

- Unidos pelo casamento
- Código de honra

Veja mais em:

Compartilhe suas impressões de leitura escrevendo para:
opiniao-do-leitor@mundocristao.com.br
Acesse nosso *site*: www.mundocristao.com.br


*Equipe MC:* Maurício Zágari (editor)
Ester Tarrone
Heda Lopes
Natália Custódio
*Diagramação:* Luciana Di Iorio
*Preparação:* Cristina Fernandes e Fabrício dos Santos
*Revisão:* Josemar de Souza Pinto
*Gráfica:* Assahi
*Fonte:* Adobe Garamond
*Papel:* Pólen Soft 70 g/m$^2$ (miolo)
Cartão 250 g/m$^2$ (capa)